互恵性の心理を通して抑止する社会的迷惑行為

友野聡子
Satoko Tomono

ナカニシヤ出版

まえがき

　私たちの日常生活には社会的迷惑行為があふれている。電車で化粧をする女性，図書館で大声で会話をする学生，通路を無視したように止めてある自転車……挙げれば際限がない。人々が日々の生活を快適に送るためには，こうした社会的迷惑行為を抑止する方法について研究を進めるべきである。しかし，そのような研究はあまり多く行われなかった。本書の刊行により，社会的迷惑行為や，その抑止方法に関する研究が盛んになることを期待している。

　本書は，社会的迷惑行為を効果的に抑止する方法の一つとして，互恵性の心理を通して抑止する方法を提案し，その抑止過程を社会心理学的に検討したものである。大学生や専門学校生を対象とした質問紙実験と実験室実験に加え，大学構内でのフィールド実験を実施し，多面的に検討した成果を以下の5章にまとめた。

　第1章では，まず，社会的迷惑行為に関する先行研究を概観し，そうした行為を抑止することで得られる意義を論じる。その上で，従来検討されてきた罰や報酬という方法に代わり，社会的迷惑行為の実行者の反発心を招かないことを目指した互恵性の心理を利用する方法を提案する。この方法では，社会的迷惑行為の実行者に当該行為が迷惑であることを伝えた上で，親切な行いをする。このことで，「良い行いには良い行いでお返ししたい」という互恵性の心理が相手に喚起され，社会的迷惑行為が抑止される。本書では，互恵性の心理を喚起させる方法として，感謝メッセージを提示すること（第2，3章），飲み物をおごるなどして相手に親切にすること（第4章）を挙げ，それぞれの社会的迷惑行為の抑止効果と抑止過程を検討する。

　第2章では，感謝メッセージの提示による社会的迷惑行為の抑止効果と抑止過程を検討する。2つの質問紙実験の結果から，周囲の他者が社会的迷惑行為を実行していないとき，「ゴミを分別していただきありがとうございます」などの感謝メッセージは，「ゴミを分別しましょう」などの罰よりもはるかに強

制力の弱いメッセージと比べても，受け手にポジティブな印象を与え，互恵性の心理を喚起させて，ゴミの不分別などの社会的迷惑行為を抑制するよう動機づけることが示された。また，同様の研究目的で行われたフィールド実験の結果をもとに，現実場面への応用に向けた課題を議論する。

第3章では，迷惑抑止者が常にその場を管理しているという情報を追記することによって，感謝メッセージの効果が高められるかを検討する。2つの質問紙実験の結果，感謝メッセージに迷惑抑止者の情報が付加されると，互恵性の心理を通して，社会的迷惑行為が抑止されることが示された。迷惑抑止者の情報提示という簡便な方法で感謝メッセージの効果が高められたと言える。

第4章では，感謝メッセージに代わり，対面で親切な行いをするという方法であっても，社会的迷惑行為が抑止されるかを検討する。2つの実験室実験の結果から，飲み物をおごる，面倒な課題の担当を代わってあげるという方法でも，社会的迷惑行為の抑止効果が得られた。ただし，その効果が得られるには，互恵性の感じやすさの個人差などが影響することも示された。

第5章では，以上の知見をふまえ，本書の意義や今後の課題・展望について議論する。本書から，感謝メッセージを通してであっても（第2，3章），対面での親切行為を通してであっても（第4章），「良いことには良いことでお返ししたい」という互恵性の心理が喚起されれば，社会的迷惑行為は抑止されることが頑健に示された。ただし，互恵性の効果は常に発揮されるわけではなく，一定の条件が必要であることも明らかとなった。具体的には，周囲の人々が社会的迷惑行為をしていないこと（第2章），迷惑抑止者が常にその場を管理していること（第3章），社会的迷惑行為の実行者が互恵性を感じやすいこと（第4章）などである。これらの知見をもとに，環境を整えた上で用いる必要があるものの，反発心を招くことなく自発的に社会的迷惑行為を抑制させる有効な方法として互恵性の心理を通した方法を提案する。その上で，この方法による社会秩序の維持といった社会的意義や，本書による関連研究への貢献といった学術的意義を論じる。最後に，社会秩序を維持し続けるために，本書で提唱した方法の長期的な社会的迷惑行為の抑止効果を検討する必要があることなど，今後の課題と展望を述べる。

本書の刊行の意義は，学術界での研究の進展と，実社会での知見の実践とい

う2点を実現できることであると考えている。第1点目の学術界での意義について述べる。心理学や経済学，生物学では，社会的迷惑行為のような規範から逸脱した行動を抑止する方法として，罰を与えることが検討されてきた。しかし，罰を与えることは，受け手の反発心を喚起させたり，自発的な協力行動を阻害したりする。一方，本書で紹介する互恵性の心理を通した社会的迷惑行為の抑止方法は，受け手の反発心を喚起させることなく，自発的に，協力的な行動を取るように促す。本書により，こうした社会的迷惑行為のより効果的な抑止方法を広く知らせることができ，心理学のみならず，経済学，生物学など幅広い学問分野の研究の進展に貢献できるであろう。

　第2点目の実社会での意義としては，本書で提唱した社会的迷惑行為の抑止方法を広く実践してもらえることがある。「きれいに駐輪していただきありがとうございます」などの感謝メッセージは，ある条件下では，社会的迷惑行為の実行者の反発心を喚起させることなく当該行為を抑止することが本書で示されている。しかし，現在，感謝メッセージが市井で使用されることは少なく，「駐輪禁止」などの禁止のメッセージなどの方が多い。本書の刊行により，感謝メッセージを効果的に使用するための知識が幅広い学問分野で広まり，社会全体に伝われば，その活用が増え，社会的迷惑行為を効果的に抑止可能になると考えている。

目　次

まえがき　i

第1章　序論：研究の理論的背景 ……………………………………… 1
 1.1　本章の目的　3
 1.2　社会的迷惑行為を抑止すること　4
  1.2.1　社会的迷惑行為とは　4
  1.2.2　社会的迷惑行為を抑止することで得られる利益　6
  1.2.3　社会的迷惑行為の抑止に関する研究　9
 1.3　社会的迷惑行為の抑止のためのアプローチ：罰と報酬　10
  1.3.1　罰の選好　11
  1.3.2　罰のメリット・デメリット　11
  1.3.3　報酬のメリット・デメリット　13
 1.4　互恵性の心理を利用することの提案　14
  1.4.1　互恵性の心理が社会的迷惑行為を抑止しうる理由　14
 1.5　互恵性の心理を喚起させるための多様な方法・条件　16
  1.5.1　互恵性の心理の喚起方法　16
  1.5.2　互恵性の心理の喚起条件　19
 1.6　本書の目的と検討するモデル　24

第2章　感謝メッセージと記述的規範が社会的迷惑行為に及ぼす影響 …………… 27
 2.1　本章の問題と目的　29
 2.2　研究1：迷惑駐輪の仮想場面における感謝メッセージと記述的規範の効果　29
  2.2.1　目　的　29
  2.2.2　方　法　30

　　　　　2.2.3　結　　果　**32**
　　　　　2.2.4　考　　察　**35**
　　2.3　研究2：多様な社会的迷惑行為の仮想場面における感謝メッセージと記述的規範の効果　**36**
　　　　　2.3.1　目　　的　**36**
　　　　　2.3.2　方　　法　**37**
　　　　　2.3.3　結　　果　**42**
　　　　　2.3.4　考　　察　**44**
　　2.4　研究3：感謝メッセージと記述的規範の効果—ゴミの分別行動に関する観察実験—　**47**
　　　　　2.4.1　目　　的　**47**
　　　　　2.4.2　方　　法　**48**
　　　　　2.4.3　結　　果　**50**
　　　　　2.4.4　考　　察　**51**
　　2.5　ま と め　**52**

第3章　感謝メッセージと迷惑抑止者の情報が社会的迷惑行為に及ぼす影響　………………………………………………………… **55**

　　3.1　本章の問題と目的　**57**
　　3.2　研究4：迷惑駐輪の仮想場面における感謝メッセージと迷惑抑止者の情報の効果　**57**
　　　　　3.2.1　目　　的　**57**
　　　　　3.2.2　方　　法　**59**
　　　　　3.2.3　結　　果　**61**
　　　　　3.2.4　考　　察　**63**
　　3.3　研究5：感謝メッセージと迷惑抑止者の情報が社会的迷惑行為を抑止する代替過程の検討　**64**
　　　　　3.3.1　目　　的　**64**
　　　　　3.3.2　方　　法　**66**
　　　　　3.3.3　結　　果　**67**
　　　　　3.3.4　考　　察　**68**
　　3.4　ま と め　**69**

第4章 対面での親切行為が社会的迷惑行為に及ぼす影響 …………… 71

- 4.1 本章の問題と目的　73
- 4.2 研究6：二者が実行する社会的迷惑行為場面における物理的な親切行為の効果　73
  - 4.2.1 目　　的　73
  - 4.2.2 方　　法　74
  - 4.2.3 結　　果　79
  - 4.2.4 考　　察　82
- 4.3 研究7：無形の親切行為が社会的迷惑行為に及ぼす影響過程の検討　86
  - 4.3.1 目　　的　86
  - 4.3.2 方　　法　87
  - 4.3.3 結　　果　89
  - 4.3.4 考　　察　90
- 4.4 ま と め　90

第5章 総括的討論 ……………………………………………………… 93

- 5.1 本章の目的　95
- 5.2 本書で得られた知見とその意義　95
  - 5.2.1 感謝メッセージが社会的迷惑行為に及ぼす影響　96
  - 5.2.2 親切行為が社会的迷惑行為に及ぼす影響　97
  - 5.2.3 本書で得られた知見のまとめ　97
  - 5.2.4 本書の意義　98
- 5.3 本書の課題と今後の展望　102
  - 5.3.1 本書の研究全体に関する課題と今後の展望　102
  - 5.3.2 感謝メッセージに関する課題と今後の展望　105

引用文献　107
あとがき　113
索　　引　117

1

序論：研究の理論的背景

1.1 本章の目的

人間が社会的な生き物であるという見解は,心理学者に限らず,経済学者や生物学者などの多くの分野の研究者に共通するものであろう。心理学においては,古くはMaslow (1968) の欲求段階説において,人々の基本的欲求の中に「所属と愛の欲求」があることが提唱され,人間の社会的な欲求の存在が認められている。近年では,人間が強い所属欲求を持つ社会的な生物であるという所属欲求理論 (Baumeister & Leary, 1995) を裏付けるように,人々が社会的排斥を受けると,攻撃的になったり知的な思考ができなくなったりすることが示されている (e.g., Twenge & Baumeister, 2005)。経済学や生物学においては,人々が,たとえ自分にコストがかかったとしても,他者に不親切にした相手に間接的懲罰を与えることが示されるなどして (Ule, Schram, Riedl, & Cason, 2009),人々が社会全体の利益のために行動できることが明らかとなっている。

しかし,すべての人々が常に誰に対しても社会的に振る舞うわけではない。このことは先述の研究からもうかがえる。社会的排斥の研究からは,人々の基本的な欲求に所属欲求があるにもかかわらず,排斥を受けたときには,排斥をしていない第三者であっても,一部の第三者を除いて,攻撃的に接することが示されている (e.g., Twenge & Baumeister, 2005)。間接的懲罰の研究では,間接的懲罰を行う人々の少なさが指摘されており,社会的に行動できる人々が少ないことがわかっている (Ule et al., 2009)。以上の研究成果は実験室での実験から得られたものであるが,実験室の外においても同様に,人々の社会性の不完全さが見受けられる。人々は,「急いでいるから」という自己中心的な理由で信号を無視してしまうこともあれば (北折・吉田, 2004),「友達が話しかけてきたから答えないといけない」という理由で,狭い範囲で社会性を発揮させた結果,授業中に私語をしてしまうこともある (出口・吉田, 2005)。授業中の私語などの行動は,社会的迷惑行為として定義されており (吉田・斎藤・北折, 2009),人々が社会的に振る舞いきれないことを示す現象の一つと言える。

本章では,人々が社会的に振る舞えない現象の一つと言える社会的迷惑行為を抑止することについて考える。人々が社会的な生き物であるにもかかわらず,

すべての人々に常に社会性を発揮できないということは，社会的に振る舞うことが高度な処理であるように思われる。そのような高度な処理を人々に行ってもらい，社会全体を住みやすくするためには，どのようにすればよいかを社会的迷惑行為の抑止に焦点を絞って考えていく。具体的には，社会的迷惑行為やその抑止について概括した上で，「互恵性」の心理を利用する方法を提案する。さらに，本書を通して，互恵性の心理の効果と影響過程，および，その利用に関する社会的意義と学術的意義について検討する。

1.2 社会的迷惑行為を抑止すること

　本節では，社会的迷惑行為を抑止することの意義を述べておく。社会的迷惑行為に関する研究をレビューするとともに，社会的迷惑行為とはいかなるものであるか，なぜ抑止が必要であるかを議論する。そのうえで，社会的迷惑行為の抑止方法に関する研究をレビューし，適切な方法について考える。なお，以下では，社会的迷惑行為を実行する者を「迷惑行為者」，その行為を目撃・認知する者を「迷惑認知者」，抑止する者を「迷惑抑止者」と記す。

1.2.1　社会的迷惑行為とは

　社会的迷惑行為とは，"行為者が自己の欲求充足を第一に考えることによって，結果として他者に不快な感情を生起させる行為"と定義されている（吉田他，2009）。例として，指定された日以外にゴミを出す，授業や講演会の途中で，携帯電話の呼び出し音を鳴らすなどが挙げられる（吉田・安藤・元吉・藤田・廣岡・斎藤・森・石田・北折，1999）。

　上記の例からも見てとれるように，社会的迷惑行為の種類は多種多様である。人々に迷惑だと高く認知される行為もあれば，あまり迷惑でないとされる行為もある。また，同じ行為でも，それを認知する視点が異なると，迷惑だと思う程度が異なるものもある。以上の知見は，吉田ら（1999）の研究から得られたものである。吉田ら（1999）は，社会的迷惑行為と考えられる行動を120項目収集し，それらの行動に対する人々の迷惑認知度を調査した。その結果，社会的迷惑行為は，「駅付近で，指定された区域外に自転車やバイクを置くこと」

をはじめとする"ルール・マナー違反行為"と,「電車などで,わずかに空いたスペースにむりやり座ろうとすること」をはじめとする"周りの人との調和を乱す行為"という2種類に大きく分類された。それらの行為の中で,全般的に迷惑だと認知されやすい行為(たとえば,「通行のさまたげになる駐車をすること」)とそうでない行為(たとえば,「授業中にジュースを飲むこと」)が見出された。さらに,自分が迷惑だと認知する程度と他者が迷惑だと認知する程度にズレが見られる行為(たとえば,「図書館で声の大きさを気にしないでしゃべること」)も存在することが示された。

吉田ら(1999)の研究から示唆されるように,社会的迷惑行為は多種多様で,そのすべてが万人に迷惑として認められるわけではない。時代に応じて迷惑とされる行為も変化する。このことについて,森・石田(2001)は,携帯電話という新たな技術の普及に伴って,新たな社会的迷惑行為が生成され,規制されていく過程を検討している。また,電車内で携帯電話の電源を入れておくことなど,一度は迷惑だと認識された行為が次第に迷惑だと認識されなくなる迷惑の受容過程も検討している。1990年から2000年までの携帯電話に関する新聞記事を分析した結果,病院内や運転中の携帯電話使用に関する記事は携帯電話の普及にともなって急速に増加した後,次第に収束していく様子が示された。この結果から,携帯電話という新たな道具に関して,当初はその使用が一律に迷惑なものであるという烙印が押されたが,徐々に何を迷惑とし,どのように規制していくべきかが模索され,携帯電話の使用に関するルールが確立されていくことが示唆された。以上の知見より,社会的迷惑行為は,そのすべてがあらゆる時代にあらゆる人々に共通して迷惑だと認知されるわけではないと言える。

ある社会的迷惑行為に対して,多くの人々が迷惑だと認知しないことがあるとすれば,それを抑止することにどれほどの意味があるかを考える必要がある。ある時代に特定の人しか迷惑だと感じていなければ,当該行為を抑止することに積極的理由は見当たらないとも言える。また,社会全体や迷惑行為者において当該行為が迷惑だと認知されていなければ,抑制を求めることが難しくなる。個人の自由な行動が侵害されてしまうとも主張されかねない。次節では,社会的迷惑行為を抑止する必要性に関する一つの回答を示す。

1.2.2 社会的迷惑行為を抑止することで得られる利益

前節の議論にもとづくと，社会的迷惑行為を抑止するのは困難であるだけでなく，そもそも抑止の必要がないと考えることもできる。しかし，すべての社会的迷惑行為を許容して良いわけでもないだろう。以下では，社会的迷惑行為を抑止することで得られる利益について，（1）迷惑認知者，（2）迷惑行為者，（3）社会全体の3つの視点から考察する。

（1）迷惑認知者の利益

社会的迷惑行為を抑止することは，迷惑認知者の怒りやストレスを低減し，精神的・身体的健康を維持することにつながる。人々は，思慮のない迷惑な行動を取られたり，無礼な態度を取られたり，攻撃されたりしたときに不公正だと感じる（Mikula, Petri, & Tanzer, 1990）。そして，人々はそのような不公正な出来事に対しては特に怒りを感じることが示されている（Mikula, Scherer, & Athenstaedt, 1998）。さらに，怒りをはじめとする敵意を抱くことは，冠動脈性心疾患（CHD）の危険因子となり，身体的健康を脅かすことが示されている（Miller, Smith, Turner, Guijarro, & Hallet, 1996）。ある行為が限られた状況で限られた人にしか迷惑だと感じられなかったとしても，迷惑だと感じた人は怒りを感じ，ストレスを覚えるため，社会的迷惑行為を抑止することは迷惑認知者にとって重要であると言える。

日常の些細な社会的迷惑行為によって迷惑認知者が強い怒りやストレスを覚えなかったとしても，社会的迷惑行為を抑止することで，迷惑認知者がそうした行為を目撃することで生じる悪影響を予防できると考えられる。社会的迷惑行為などの規範を破る行為をする人は，迷惑認知者には権力のある者だとみなされる（Van Kleef, Homan, Finkenauer, Gündemir, & Stamkou, 2011）。権力を持った者はしばしば規範から逸脱した行為を実行することが示されている（Lammers, Stapel, & Galinsky, 2010）。これらの知見から，迷惑認知者が社会的迷惑行為を目撃すると，迷惑行為者を権力のある者だとみなすようになり，それによってさらなる社会的迷惑行為が実行されやすくなる。すると，再び迷惑認知者が迷惑行為者を権力のある者だとみなし，社会的迷惑行為が次々に実行されるようになるという無限のループが発生することが予測される。迷惑行

為者が権力のある者だという迷惑認知者の歪んだ認知を修正し，迷惑認知者が受ける社会的迷惑行為の被害の深刻化を防ぐためにも，当該行為を早期に抑止しておく必要があるだろう。

（2）迷惑行為者の利益

　社会的迷惑行為を抑止すると，迷惑行為者に不自由さを覚えさせ，短期的には迷惑行為者にとって不利益となると考えられる。しかしながら，長期的にみれば迷惑行為者自身にも利益が得られるはずである。この理由について，本節では，迷惑行為者のスキル向上となることを挙げる。具体的には，自己制御の研究知見をもとに，社会的迷惑行為を抑止することが自己の欲求を制御して社会的場面に適応することになり，その自己制御を繰り返すことで社会的スキルが向上していく可能性を理論的に説明する。

　社会的迷惑行為を実行することは，環境に適応した自己制御ができず，不適切な行動をしてしまうことに相当する。このことは，環境に適応するように，あるいは，自分の目標と照らし合わせて，自分の行動を調整・制御することという自己制御の定義から見て取れる。さらに，社会的迷惑行為と自己制御の関連性を示すものに，原田・吉澤・吉田（2009）の研究が挙げられる。原田ら（2009）は，自己制御の中でも，特に社会的場面における行動を予測するものとして，社会的自己制御という概念を新たに提唱し，社会的自己制御が社会的迷惑行為や逸脱行為を抑制させることを明らかにしている。

　社会的迷惑行為の実行度と関連する自己制御は鍛えることができる。このことは，自己制御の力量モデル（筋肉モデル）から説明される（Muraven & Baumeister, 2000）。自己制御は筋肉に例えられる。筋肉は，使いすぎると疲弊して力が出せなくなってしまう。この筋肉の性質と同様に，自己制御を実行すると，心理的な資源（＝制御資源）が一時的に消費され，その次の制御が不十分になる（Muraven, Tice, & Baumeister, 1998）。筋肉が鍛錬することによって強くなるのと同様に，自己制御も鍛え上げることができる。たとえば，2週間にわたって，気づいたときに姿勢を良くする，食事の記録をつけるという簡単な訓練を通して，自己制御が向上することが明らかになっている（Muraven, Tice, & Baumeister, 1999）。

社会的迷惑行為の抑止をその都度行うことは，迷惑行為者の自己制御の訓練になると考えられる。社会的迷惑行為を抑制させることは，迷惑行為者にとって，自己の行動を環境に適応させる自己制御に相当すると言える。したがって，自己制御の力量モデルに基づけば（Muraven & Baumeister, 2000），社会的迷惑行為の抑制を繰り返すことで，迷惑行為者の自己制御が鍛えられ，あらゆる場面で適切な行動ができるようになるはずである。社会的迷惑行為の抑止を通した自己制御の向上は，迷惑行為者にとっての利益となるだろう。

さらに，社会的迷惑行為の抑制をはじめとする自己制御の訓練を発達段階の早期に行うことができれば，迷惑行為者の利益はより多くなると考えられる。自己制御ができる子どもは，社会的に有能な人間に成長するとともに，学業においても優秀な成績をおさめることが示されている（Mischel, Shoda, & Peake, 1988; Shoda, Mischel, & Peake, 1990）。社会的迷惑行為をしてはいけないということを早期に学ばせて自己制御を鍛えさせることで，迷惑行為者が有能な人材となり，迷惑行為者のみならず社会全体にも得られる利益が大きくなると考えられる。

（3）社会全体の利益

社会秩序の維持につながるという点で，社会的迷惑行為を抑止することは社会全体の利益になると考えられる。この主張は，割れ窓理論から援用される。割れ窓理論とは，ある地域や場所で逸脱行為が行われ，それらに対して何らかの介入がなされない状態がさらなる逸脱行為を呼ぶことを表す（Wilson & Keling, 1982）。割れ窓理論はフィールド実験でも実証されている（Keizer, Lindenberg, & Steg, 2008）。実験結果の一例を挙げれば，「落書き禁止」と明記された看板があっても壁に落書きがされている駐輪場では，自転車に付けられていたチラシがポイ捨てされる確率が増えることが示されている。同様に，スーパーマーケットのカートを元の場所に戻すというルールが守られていない駐車場では，郵便ポストに入りきらなかった現金入り封筒を盗難する人々が増えるという結果も得られている。これらの結果は，たとえ無関連な逸脱行為どうしであっても，最初に実行された逸脱行為に対して抑止策が取られなければ，後続の逸脱行為が誘発されてしまうことを表している。さらに，無関連な逸脱

行為が連鎖する効果は，ポイ捨てなどの規範から逸脱した行為だけでなく，盗難などの犯罪行為をも促進してしまうほどの強大なものであることもわかる。以上の割れ窓理論を援用すれば，一つの小さな逸脱行為である社会的迷惑行為を抑止することで，同様の行為だけでなく，さらに重篤な犯罪行為が抑止され，社会秩序の維持につながるだろう。

以上の本節の主張より，社会的迷惑行為の抑止は，迷惑認知者にも迷惑行為者にも社会全体にも利益がもたらされるため，時と場合によるが，行うべきものであると言える。社会的迷惑行為は，ある人には迷惑だと感じられても別の人にはそうでない場合もある。社会の流れとして社会的迷惑行為が自然に消滅したり，ルールが決められて受容されたりすることもある。そのような点を考えると，社会的迷惑行為はつねに迷惑になるわけではないため，一概に抑止するべきとは言えない。しかし，ある特定の時代にある人にとって迷惑な行いがあれば，その迷惑認知者の精神的・身体的健康を向上させるために，当該行為を抑止することは重要である。さらに，そのような行動の抑止は，迷惑行為者の自己制御の向上や，社会全体の秩序の維持にもつながる。したがって，社会的迷惑行為の抑止は重要な課題の一つと言える。次節では，その抑止方法に関する研究を概括したうえで，適切な抑止方法を考える。

1.2.3 社会的迷惑行為の抑止に関する研究

社会的迷惑行為の抑止方法を検討した代表的な先行研究としては，北折・吉田（2000a）の研究が挙げられる。北折・吉田（2000a）は，禁止や制裁を用いたメッセージを駐輪場に提示し，メッセージの違いによって迷惑駐輪の実行度が変化するか否かについて検討した。このとき，すでに迷惑駐輪をしている自転車をあらかじめ用意し，その自転車の台数が増えるにつれて迷惑駐輪をする人も増えるのかどうかについても検討した。その結果，迷惑駐輪をしている自転車の数が多ければ多いほど，追従して迷惑駐輪をする人々の数が増えた。メッセージが迷惑駐輪を抑止する効果は，迷惑駐輪をしている自転車が少なく，かつ，厳しい制裁のメッセージを提示したときにのみ得られた。したがって，禁止や制裁などのメッセージを提示するときには，すでに社会的迷惑行為をし

ている人がいないと認知させることが重要であると示唆される。

　社会的迷惑行為を抑止することを目的としてはいないが，別のアプローチとして，髙木・村田（2005）の研究を挙げる。髙木・村田（2005）は，迷惑認知者と迷惑行為者との間で注目する規範が異なっているために，ある行動が迷惑なものとして認知されることを実証している。たとえば，静かにするべき場所で私語をするという社会的迷惑行為の場合，迷惑認知者は，そのような迷惑な行為をするべきではないという規範に注目する一方で，迷惑行為者は，友人とのコミュニケーションを台無しにしてはいけないという規範を重視する。このように注目する規範が異なると，その行為が社会的迷惑行為として認知される。そこで，迷惑認知者が注目する規範を迷惑行為者の注目する規範に一致させる実験を行ったところ，迷惑認知者に当該行為が迷惑だと認知されにくくなり，容認されることが示された。しかしながら，迷惑行為者が迷惑認知者の注目する規範に焦点を合わせても，当該行為が抑制されることはなかった。この結果について，コミュニケーションを良好に保つべきという規範の方が注目されやすいものであったという規範の影響力の違いが原因であったと考察された。この研究は，部分的支持という実証結果ではあったものの，迷惑認知者と迷惑行為者の注目する規範を一致させることで，社会的迷惑行為が抑止されたり容認されたりすることを示唆している研究と言える。

　以上に挙げたように，社会的迷惑行為の抑止に関する知見は少ない。したがって，社会的迷惑行為に限定せず，関連する知見をまとめ，適切な抑止方法について考える必要があるだろう。以降では，社会的迷惑行為をはじめとする規範から逸脱した行為の抑止方法の大枠として，多くの知見が発表されている罰と報酬に着目する。そのメリットとデメリットを考え，より適切な社会的迷惑行為の抑止方法を提唱する。

1.3　社会的迷惑行為の抑止のためのアプローチ：罰と報酬

　本節では，社会的迷惑行為を抑止するためにはどのようなアプローチを取るべきかを考える。そのために，社会的迷惑行為と関連する規範から逸脱した行為を抑止する方法の中で，大きな枠組みとして，罰と報酬に着目する。

1.3.1 罰の選好

　罰（punishment）は，社会的迷惑行為の抑止にあたって，私たちが日常的に使用する方略である。北折・吉田（2000a）の研究の中では，大学構内で実際に掲示されていた貼り紙には罰や制裁の方略が使用されていることが報告されている。路上喫煙者に対して罰金を科す地方自治体も増加している（e.g., 名古屋市環境局事業部作業課, 2005）。

　人々が，規範から逸脱した行動をした相手に対して，罰の行使を選好することは，科学的にも実証されている。罰を行使すれば，高い満足感やポジティブ感情が得られるという見込みを抱くため，罰が実行されやすいことが明らかとなっている（Carlsmith, Wilson, & Gilbert, 2008）。同様のことは脳科学の知見でも確認されている。罰を実行しようとするとき，報酬に関連する脳の部位が活性化することが示されている（De Quervain, Fischbacher, Treyer, Schellhammer, Schnyder, Buck, & Fehr, 2004）。いずれの研究においても，人々が，罰の実行により，満足感という一種の報酬を得られるはずだと考えるため，規範から逸脱する者に対して，罰の使用を好むことが示唆されている。

　規範から逸脱した行動に対して，人々が満足感を得るために罰を行使したがるということは，罰の行使によって，それまでに満足のいく結果を得ることができたからかもしれない。次節では，罰の行使によって得られるメリットを見ていく。同時に，物事には良い面だけではないことを踏まえて，罰の実行によるデメリットについても考える。さらに，罰と対極のものと言える報酬のメリットとデメリットについても概観する。

1.3.2 罰のメリット・デメリット

　まず，罰によって得られるメリットについてである。罰せられた者が協力的に行動するという罰の効果は，先行研究で実証されている。Eek, Loukopoulos, Fuji, & Gärling（2002）では，罰金システムの導入によって，協力行動が促進されることが示されている。Mulder（2008）においては，協力行動に報酬を与えることよりも，罰による非協力行動の抑圧が，人々の道徳的関心を高めることが示されている。Mulder, Verboon, & De Cremer（2009）では，罰は，規則を破る行動に対しての道徳的判断と，規則を破る人に対する反対意見をそ

れぞれ高めることがフィールド実験によって示されている。このように，罰はさまざまな側面で人々を向社会的に変化させるというメリットが示されている。

　一方で，罰によるデメリットも存在する。Tenbrunsel & Messick (1999) は，罰システムを導入することで，倫理的観点から正しい行動を取ろうと考える「倫理的問題」の意思決定フレームで捉える者が減少し，罰から逃れて自分がいかに利益を得ることができるかを考える「取引問題」の意思決定フレームで捉える者が増加してしまうために，協力行動が低下してしまうという弊害を指摘している。また，Mulder, Van Dijk, De Cremer, & Wilke (2006a) は，罰システムが機能しているうちは協力行動が維持されているものの，そのシステムが取り除かれると，他者への信頼が低下し，全体の協力行動が低下してしまうことを示した。罰システムが存在しているときには，もともと他者への信頼が高かろうが低かろうが，人々は，他者が内発的動機づけよりも外発的動機づけによって協力しているとみなす。そのため，罰システムが機能しているうちは協力的に振る舞うが，罰システムが除去されると，外発的動機づけによって協力していただけだとみなしていた他者への信頼が低下し，その結果，協力行動も低下してしまう。さらに，Mulder, Van Dijk, De Cremer, & Wilke (2006b) は，協力するか否かという二者択一の社会的ジレンマ状況においては，罰は協力行動の促進に効果的であるが，協力と非協力の中間の回避的な行動が選択肢として加えられた"社会的トリレンマ"（social trilemma）という状況においては，効果的ではないことを示している。社会的トリレンマ状況において回避的な行動を取ると，個人は協力よりも利益を得ることができるが，非協力よりは利益を得ることができず，さらに，集団は協力・非協力よりも利益を得ることができない。家庭ゴミの減量への協力という問題を例として挙げれば，ゴミを減らす，減らさないという社会的ジレンマ状況で選択可能な行動ではなく，ゴミを林や道路など別の場所に捨てるという行動が社会的トリレンマ状況で選択可能な回避的な行動である。つまり，協力的に行動するか否かという選択肢以外に逃げ道がある状況では，罰の効果が低減してしまうということである。以上の知見をまとめると，罰というシステムが存在する中では，確かに協力行動は促進される。しかし，罰は表面上で人々を協力的に振る舞わせているだけで，人々

が内発的に協力行動を動機づけられているわけではない。むしろ，罰の導入によって，人々に外発的な協力行動が動機づけられ，自分以外の他者もそのように振る舞っていると考えてしまう。そのため，罰システムが崩壊してしまえば，人々はもはや協力的に振る舞う必要がなくなり，自己利益の拡大のために，社会的迷惑行為をはじめとする規範から逸脱した行動を容易に取ってしまうということである。以上のように，罰によるデメリットの一点目は，そのシステムが崩壊したときに，規範から逸脱した行動を招いてしまうということである。

加えて，罰を実行する者においても不利益が生じる。罰システムの導入には金銭的・時間的にもさまざまなコストがかかる。また，罰の実行後にはネガティブ感情の持続という精神的ストレスを抱えてしまう (Carlsmith et al., 2008)。具体的には，罰を実行する際には，規範から逸脱した者を罰するべきだと考え，罰することで自らが良い気分になるだろうと考えて罰を選好するのに対し，罰を実行した後には罰した相手のことを繰り返し考えてしまい，ネガティブ感情が収束しないのである (Carlsmith et al., 2008; De Quervain et al., 2004)。

これらのことをふまえると，短期的・表面的に社会的迷惑行為を抑止するためには，罰は有効だが，罰を実行する者と実行される者の双方においてネガティブ感情や不信感が生まれ，罰システムが機能しなくなると，自主的に社会的迷惑行為が抑制されなくなってしまう。また，すべての人々にとって迷惑だとは捉えられないことも多い社会的迷惑行為に対しては，罰制度による規制は難しいかもしれない。次節では，罰制度を適用できない範囲での逸脱的な行動を抑止する方法として，報酬を与えることに着目し，そのメリット・デメリットを考える。

1.3.3 報酬のメリット・デメリット

報酬のメリットは，罰と同様に社会的迷惑行為を抑止可能ということである。報酬は学習において長期的に機能するとみなされており (Skinner, 1953)，社会的迷惑行為の抑制という学習においても効果を発揮するだろう。また，近年のメタ分析の結果によると，報酬は罰と同程度に協力行動を予測することが明らかになっている (Balliet, Mulder, & Van Lange, 2011)。このことから，報酬も社会的迷惑行為を抑止するツールとして有効であることがわかる。

しかしながら，報酬にも罰と同様のデメリットが存在する。まず，報酬システムを取り入れようとすると，莫大なコストがかかる。すべての人に対して何らかの報酬を与えることを考えると，そのコストは罰システムを作り上げることよりもはるかに大きくなるだろう。さらに，報酬を与えられると，内発的動機づけが低下してしまうため (Murayama, Matsumoto, Izuma, & Matsumoto, 2010; Ryan & Deci, 2000)，人々の自発的な協力行動を期待できなくなってしまう。また，罰と同様に，報酬システムの下においても，人々が報酬目当てで協力的に振る舞っているという印象を与え，さらなる協力行動の低下を招くと考えられる。

このように，報酬も罰と同様に社会的迷惑行為の抑止に効果的ではあるものの，コストがかかる上に人々の内発的動機づけを低下させ，自発的で長期的な向社会的行動を促すことは難しいと考えられる。コストがかからず，なおかつ人々の内発的動機づけを低下させない報酬システムの一つとして，本書では，互恵性の心理を利用する方法を提唱する。この方法は，あらかじめ報酬を渡し，相手に自発的にその恩に報いたいと考えさせることで，社会的迷惑行為を抑制させる方法である。恩に報いたいという互恵性の心理を利用することで，人々の内発的動機づけを低下させずに長期的に社会的迷惑行為を抑止できると言える。また，感謝の言葉を貼り紙で提示しておくという無形の報酬を与える方法では，比較的コストをかけず実施できる。次節からは，報酬の問題点を克服したこの方法について，詳細な議論を進める。

1.4 互恵性の心理を利用することの提案

本節では，社会的迷惑行為を抑止するための方法として，互恵性の心理を利用する方法を提案する。互恵性の心理の定義を述べたうえで，それによって社会的迷惑行為を抑止可能となる理由を考える。

1.4.1 互恵性の心理が社会的迷惑行為を抑止しうる理由

本書で「互恵性の心理」と記しているものは，互恵性の規範（the norm of reciprocity）のことであり，「好意を与えてくれた他者に対して，同様のお返

しをしなければならない」という規範である（Gouldner, 1960）。ここでの好意とは，favorのことであり，何らかの親切な行動である。誕生日プレゼントをもらったら，その人の誕生日にもプレゼントをあげなければならないと考えるのは，互恵性の規範の一例と言える。互恵性の規範を利用することで，社会的迷惑行為を効果的に抑止可能であると考えるのは,以下の2点の理由による。互恵性の規範が有する（1）社会秩序の維持機能と，（2）向社会的行動の促進効果である。

（1）社会秩序の維持機能

　まず，互恵性の規範が有する社会秩序の維持機能により，社会的迷惑行為を抑止できる可能性について述べる。互恵性の規範は，人々に無意識のうちにでも遵守することが求められてきた強大な影響力を持つ社会規範である（Cialdini, 2001）。互恵性の規範が強大な影響力を持つようになった背景には，人々が高度な文明社会を構築してきた過程が関係している。その過程は以下のとおりである。高度な文明社会を構築するために人々は協力し合うようになった。みんなが協力し合えるように社会の秩序を維持することに努めた。社会の秩序を維持するためには，恩返しをしない者を社会から排除しなければならない。ところが，私たちは社会から排除されると生きていけなくなることもある。このような事態を回避するため，私たちは互恵性の規範を遵守するように学習してきた（Cialdini, 2001）。互恵性の心理を利用する方法では，人々が社会秩序を維持するために遵守してきた強大な影響力を持つ規範を利用するため，社会的迷惑行為を効果的に抑止可能と考えられる。

（2）向社会的行動の促進効果

　次に，向社会的行動の促進効果を援用して社会的迷惑行為を抑止できる可能性について記す。先行研究では，互恵性の規範が喚起されると，向社会的行動が促進されることが頑健に示されている。飲み物をおごってもらうという親切行為によって，たとえ好ましく思わない相手であっても依頼されたチケットを購入してしまったり（Regan, 1971），お菓子をおごってもらうことで，匿名性の高い状況においても慈善団体に寄付しやすくなったりする（Whatley,

Webster, Smith, & Rhodes, 1999)。郵送調査の依頼をする際に，付箋や手書きのメッセージを付加するというだけの方法でも，調査の承諾率が向上する（Garner, 2005）。このように，互恵性の規範は，ポジティブな行動である向社会的行動を促進する強大な影響力を備えていることから，ネガティブな行動である社会的迷惑行為を抑止することも可能と考えられる。

　以上のように，互恵性の規範は，向社会的行動を促進し，社会秩序を維持できるほど強大な影響力を持つため，社会的迷惑行為をも抑止可能であると考えられる。このような強大な影響力により，互恵性の心理を通して社会的迷惑行為を抑止する方法では，罰や報酬のように内発的動機づけを低下させることは想定されにくくなる。また，互恵性の喚起方法にはさまざまなものがあり，その中でも，感謝の貼り紙を提示することは，罰や報酬とは異なり，比較的コストのかからない方法と言える。このように，互恵性の心理を利用して社会的迷惑行為を抑止する方法にはメリットが多い。ただし，この方法にも限界があり，効果を発揮させるためには条件が必要である。次節では，社会的迷惑行為を抑止するための互恵性の心理について，その喚起方法と喚起条件を述べる。

1.5　互恵性の心理を喚起させるための多様な方法・条件

　本節では，社会的迷惑行為を抑止するための互恵性の心理の喚起方法を3点挙げる。また，互恵性の心理を利用する方法は常に効果的ではないため，効果を発揮させるための条件を述べる。

1.5.1　互恵性の心理の喚起方法

　互恵性の心理を喚起させるための手段はさまざまである。コーラや飲み物，タクシー代を提供する（Regan, 1971; Shen, Wan, & Wyer, 2011），郵送調査を依頼するときに付箋で手書きのメッセージを追加する（Garner, 2005），レストランの店員が伝票の裏にThank youと書いて渡す（Rind & Bordia, 2000）などである。それらに共通することは，「相手に親切にしてあげたい」という好意であろう。さらに言えば，これらの好意への返報方法もさまざまである。

コーラをおごってもらったお返しに依頼されたくじ付きのチケットを購入してあげる(Regan, 1971)，手書きの付箋つきの郵送調査に協力してあげる(Garner, 2005)，Thank youと書かれた伝票を受け取ったら，チップを多めに支払う(Rind & Bordia, 2000)という具合である。「好意を与えてくれた他者に対して，同様のお返しをしなければならない」という互恵性の規範の定義で明確化されていないことからもわかるように(Gouldner, 1960)，互恵性の心理を喚起させる方法も，喚起された後に返報する方法もさまざまである。

　本書では，多様な喚起方法のある互恵性の心理を状況に応じてさまざまな手段で喚起させ，社会的迷惑行為を抑止することの効果を頑健に示すことを試みる。特に，(1)感謝メッセージの提示，(2)対面での物理的な親切行為，(3)対面での援助的な親切行為という3つの手段に焦点を当てる。

(1) 感謝メッセージの提示

　互恵性の心理を喚起させた上で社会的迷惑行為を抑制させるための手段として，第一に，感謝メッセージを提示することが挙げられる。感謝メッセージとは，「きれいに駐輪していただき，ありがとうございます」のように，感謝を表した上で社会的迷惑行為の抑制を促すメッセージである。感謝メッセージは，近年，コンビニエンスストアのトイレなどを中心に提示されている。それにもかかわらず，このメッセージが実際に人々の行動に影響を与えるのか，与えるとすればどのような心理的プロセスによるのかということが不明確であった。筆者らは，感謝メッセージが互恵性の心理を通して社会的迷惑行為を抑制させることを提唱し，以下のようにそのメカニズムを説明した(油尾・吉田, 2009)。感謝メッセージは，感謝の言葉によって受け手に一種の好意を与えている。この好意を受け取ったら，私たちはその好意に報いなければいけないという互恵性の規範に従って行動しようと動機づけられる。感謝メッセージでは，社会的迷惑行為をするべきではないということが明示されている。与えられた好意に報いるため，私たちは社会的迷惑行為を行わないように動機づけられるのである。以上のように，感謝メッセージは，互恵性の心理を喚起させて社会的迷惑行為を抑止する方法の一つと言え，本書でその効果を検証していく（研究1〜5）。

しかしながら、感謝メッセージは、場合によってはネガティブな印象を与える可能性もあるため、この手段のみに頼るのは得策ではないかもしれない。たとえば、感謝の言葉を先に出すことで、その後の行動を規定しようとする打算的なメッセージに受け取られるかもしれない。そのため、感謝メッセージという一つの好意の提供手段だけでなく、別の手段でも同様の効果が得られるかどうかを検討する必要がある。

（2）対面での物理的な親切行為

社会的迷惑行為を抑止するための互恵性の心理の第二の喚起手段として、対面での物理的な親切行為が挙げられる。Regan（1971）は、同じ実験参加者（実際にはサクラである）からコーラをおごられると、おごられなかったときに比べ、依頼されたチケットを多く購入したことを明らかにしている。Shen et al.（2011）も、同様に、友人に飲み物をおごってもらうことを互恵性の心理の喚起手段としている。本書では、これらの先行研究にならい、飲み物を振る舞うなどの対面でのコミュニケーションを通した互恵性の心理の喚起手段であっても、社会的迷惑行為が抑止されるかどうかを検討する（研究6）。

対面での物理的な親切行為は、先行研究で、人々の行動を向社会的に変化させる効果が裏付けられた方法であるものの、実験参加者に実験の真の意図を気づかれやすい。特に、日本人の実験参加者からすれば、自分と同じように実験に参加していた人が、突然、金銭的なコストをかけて飲み物をおごってくれるという状況は珍しく、その背景を疑いたくなるだろう。したがって、本書の研究で対象とする日本人学生にも通用する自然な互恵性の心理の喚起手段を考え、その手段においても、社会的迷惑行為が抑止されるかどうかを検討する必要があるだろう。ここでは、その一つの手段として、対面での援助的な親切行為の効果を検証する。

（3）対面での援助的な親切行為

社会的迷惑行為を抑止するための互恵性の心理の喚起手段として、第三に、対面での援助的な親切行為を挙げる。Rind & Strohmetz（1999）は、伝票の裏に有益な情報を記すことで、客のチップが増加したことを示している。この

ように，金銭的にはコストがかかっていなくても，時間的あるいは精神的にコストのかかる援助的な行動を受けることによって，互恵性の心理が喚起され，向社会的行動が促進されることが示唆されている。本書では，精神的・時間的にコストのかかる実験課題に代理で取り組んであげることで，社会的迷惑行為が抑止される可能性を検証する（研究7）。

1.5.2 互恵性の心理の喚起条件

互恵性の心理は，さまざまな好意の提供手段によって喚起され，人々に遵守される規範であるものの，常にそうなるわけではない。本節では，互恵性の心理が喚起されやすくなる条件として，以下の5つの条件を挙げる。（1）命令的規範への焦点化，（2）状況要因（記述的規範），（3）迷惑抑止者の要因（迷惑抑止者の情報），（4）迷惑行為者の要因（互恵性の心理の感じやすさなどの個人特性）（5）文化的要因の5条件である。

（1）命令的規範への焦点化

好意の提供によって互恵性の心理が喚起され，向社会的行動が促進されるという先行研究では，「この好意に対してはこのように返報すべき」という行動の指針が暗示されている。たとえば，Regan（1971）の実験では，コーラをおごってあげるという好意の提供に対し，くじ付きのチケットを何枚か買うように求められる。このように，互恵性の心理を利用して向社会的行動を促進するには，受け取った好意に対してどのように返報するべきかが自然な流れでわかるようにするべきと言える。

社会的迷惑行為の抑制を求める際にも同様に，こうした返報行為の暗示が必要と考えられる。好意を提供してもらった人は，提供してくれた人に対して，さまざまな形でお返しをしようと試みるからである。お金やお菓子を渡すかもしれないし，親しげな会話をしてくるかもしれない。そうした返報行為を取ることはできても，自分がしている迷惑な行動をやめることが返報行為になるということに気づかない人々が多いと考えられる。したがって，好意の提供によって社会的迷惑行為を抑止する場合も，提供された好意に対してどのような種類の好意を返報することが望ましいかを示すべきである。

このように返報行為を暗示する際に，本書の研究では，「命令的規範への焦点化」を行う（研究6，7）。命令的規範（injunctive norm）とは，人々が是とする，もしくは非とすることに関する社会規範である（Cialdini, Kallgren, & Reno, 1991）。たとえば，「ゴミは分別して出さなければならない」という明示的な社会的な決まりや，駐輪場には自転車を整頓して止めるのが良いという暗黙に是とされる行動傾向などがあてはまる。社会的迷惑行為を抑制するよう求める場合，社会的迷惑行為の実行を非とする命令的規範に迷惑行為者の注意を焦点化させる必要がある。特に，互恵性の心理を利用して社会的迷惑行為を抑止するには，命令的規範への焦点化を通して好意の返報手段を明確化し，互恵性の心理を喚起しやすくするべきである。

（2）状況要因：記述的規範

記述的規範を整えることも，互恵性の心理を喚起しやすくする条件の一つと言える。記述的規範（descriptive norm）とは，人々が実際に行っていることに関する社会規範である（Cialdini et al., 1991）。たとえば，多くの人々はゴミをきちんと分別していない，駐輪場では多くの人々は自転車を整頓して駐輪しているなどである。記述的規範を整えるには，駐輪場を整理し，多くの人々が整頓して駐輪しているように見せるという具合に，社会的迷惑行為を非とする命令的規範に一致した行動を多くの人々が行っているように見せればよい。

感謝メッセージを提示するときには，社会的迷惑行為を非とする命令的規範に記述的規範を一致させることで，互恵性の心理が喚起されやすくなるであろう。規範的行為の焦点化理論によると（Cialdini et al., 1991），社会規範には，記述的規範と命令的規範がある。命令的規範と記述的規範は，人々が一つの行動を実行する際に参照される規範である。ある行動を取るとき（たとえば，ゴミを分別して捨てるとき），命令的規範と記述的規範は一致しているときもあれば（たとえば，ゴミを分別して捨てるべきだという命令的規範がある中で，多くの人々がゴミを分別して捨てている），一致していないときもある（たとえば，ゴミを分別して捨てるべきだという命令的規範がある中で，多くの人々がゴミを分別せずに捨てている）。二つの規範が一致していないとき，人々はより焦点化された（換言すれば，より目立った）規範に従う（たとえば，ゴミ

を分別して捨てるべきだという命令的規範よりも，多くの人々がゴミを分別せずに捨てているという記述的規範に従う）。多くの場合，記述的規範の方が，命令的規範よりも，焦点化されやすい。たとえば，信号を守るべきという命令的規範が存在しているにもかかわらず，周囲の人々が信号無視をしてしまうと，その記述的規範に従って信号無視をしてしまう人が続出する（北折・吉田，2000 b）。そのため，社会的迷惑行為を非とする命令的規範に記述的規範を一致させれば，社会的迷惑行為を抑止しやすくなる。このときに感謝メッセージを提示すると，互恵性の心理が喚起されやすくなり，さらに社会的迷惑行為の抑止効果が高まると言える。感謝メッセージには，「ゴミを分別していただきありがとうございます」といった文面の中に，「ゴミを分別するべきである」という命令的規範と，「周囲の他者もゴミを分別しているのかもしれない」という記述的規範を暗示している部分がある。感謝メッセージを提示する際に，記述的規範をメッセージに含まれる命令的規範に一致するようにしておけば，期待どおりに周囲の他者もゴミを分別していることになり，メッセージが抵抗なく受け入れられるだろう。このことで，感謝メッセージの好意に返報しようという互恵性の心理が喚起されやすくなり，社会的迷惑行為を抑止しやすくなると考えられる。

　反対に，感謝メッセージを提示する際に，記述的規範がメッセージに含まれる命令的規範に一致していなければ，「誰もゴミを分別していないのに感謝をしている」といった不自然なメッセージに受け取られ，互恵性の心理が喚起されにくくなると考えられる。不自然なメッセージは，一種の認知的不協和状態（Festinger, 1957）を招くと考えられる。人々は，不協和低減のために，命令的規範に従った行動よりも，容易に実行できる記述的規範に従うようになり，社会的迷惑行為を実行しやすくなるだろう。

　研究1～3では，感謝メッセージを通して喚起される互恵性の心理が，記述的規範によって喚起されやすくなり，社会的迷惑行為が抑止されやすくなるかどうかを検討する。その際，感謝メッセージの効果を比較するためのメッセージとして，「ゴミを分別しましょう」という互恵性の心理を喚起させないが禁止形ではない「行動促進メッセージ」を提示する。行動促進メッセージには，ゴミを分別するべきだという命令的規範が示されているものの，人々がどのよ

うに行動しているかという記述的規範の暗示はない。そのため，記述的規範がメッセージに含まれる命令的規範に一致しているかどうかで，行動促進メッセージの効果が大きく変化することはないと考えられる。感謝メッセージの効果を行動促進メッセージの効果と比較することで，感謝メッセージを通して喚起される互恵性の心理が，記述的規範によって左右されることを見ることができるだろう。すなわち，以下の結果が得られると予測される。記述的規範がメッセージに含まれる命令的規範と一致しているときには（たとえば，多くの人々がゴミを分別しているときには），互恵性の心理が喚起されやすくなるために，感謝メッセージは行動促進メッセージよりも社会的迷惑行為を抑止しやすくなる。反対に，記述的規範がメッセージに含まれる命令的規範と一致していないときには（たとえば，多くの人々がゴミを分別していないときには），互恵性の心理が喚起されにくくなる代わりに，不協和が喚起され，不協和低減のために記述的規範に従った行動が取られやすくなるために，感謝メッセージは行動促進メッセージよりも社会的迷惑行為を抑止しにくくなる。

(3) 迷惑抑止者の要因：迷惑抑止者の情報

　互恵性の心理は，好意の受け手と送り手との相互作用の中で生じるものである。したがって，好意の送り手である迷惑抑止者の要因や，好意の受け手である迷惑行為者の要因も，互恵性の心理に影響を与えるものとして考慮する必要がある。ここでは，迷惑抑止者の要因のうち，「感謝メッセージの送り手である迷惑抑止者の情報を提示すること」に焦点を当てる。

　感謝メッセージを提示する際，感謝メッセージの送り手である迷惑抑止者の情報を提示することで，互恵性の心理が喚起されやすくなり，社会的迷惑行為を抑止しやすくなるだろう。迷惑抑止者の情報が感謝メッセージに対する好意の返報先を明確にするからである。迷惑抑止者が明らかになれば，どの他者に好意を返報すれば良いかがわかる。その結果，感謝に対する返報を実行しやすくなり，社会的迷惑行為を抑制させやすくなると考えられる。

　迷惑抑止者の情報提示によって，感謝メッセージを通した互恵性の心理をより強く喚起させ，社会的迷惑行為を抑制させるためには，迷惑抑止者の信憑性や真摯さが前提条件として必要になる。迷惑抑止者が実際にその場を管理して

いなかったり，管理していたとしても投げやりな態度で管理をしていたりするならば，感謝の言葉は社交辞令のような表面的な意味として捉えられてしまうかもしれない。本書の研究 4，5 では，迷惑抑止者の信憑性や真摯さを保つため，迷惑抑止者の情報の一つとして，感謝メッセージの送り手である迷惑抑止者が社会的迷惑行為を抑止するための管理を実際にその場で行っているという情報を付加する。たとえば，整列駐輪を促す「きれいに駐輪していただきありがとうございます」という感謝メッセージを駐輪場に提示する際に，迷惑抑止者が日常的にその駐輪場を整備しているという情報を与える。この情報から，メッセージの受け手は，既知の誠実な人物からの親切心にもとづく感謝として感謝メッセージを読み取ることができる。相手が親切心で自分に良くしてくれていることがわかると，相手に対する好意が高まる（Montoya & Insko, 2008）。このことから，信憑性が高く，真摯な迷惑抑止者の情報は，親切な感謝に対して良い行動を返すという形での返報行為をより強く促すと考えられる。以上より，迷惑抑止者の管理行動に関する情報を提示することで，迷惑抑止者の信憑性や真摯さが保証され，感謝メッセージを通した互恵性の心理が喚起されやすくなり，社会的迷惑行為が抑制されやすくなることが予測される。

（4）迷惑行為者の要因：互恵性の心理の感じやすさ

互恵性の心理は，個人の特性によっても喚起されやすさが異なると考えられる。本書では，互恵性の心理に影響を与えうる個人の特性について，感謝メッセージに関する研究と対面での物理的な親切行為に関する研究の双方で検討する。

感謝メッセージに関する研究 4 では，メッセージの受け手である迷惑行為者の個人特性の中でも，自尊心，一般的信頼，Locus of Control によって，メッセージに対する反応が異なる可能性を検討する。これらの特性は，メッセージによって自分の行動を変容させられることに抵抗感を抱きやすくさせ，互恵性の心理を喚起しにくくすると考えられる。自尊心の高い者は，自己に関連した脅威に強く反応する（vanDellen, Campbell, Hoyle, & Bradfield, 2011）。そのため，婉曲的に自己の行動を改めるよう指示する感謝メッセージに対して反感を抱くことが予測される。一般的信頼の低い者は，見知らぬ他者一般に対する信頼が

低い（山岸，1998）。このことから，メッセージの送り手との間に互恵性の心理を形成しにくいことが予測される。Locus of Controlの内的統制の高い者は，自らの行動を自分の力でコントロールしようとする（Rotter, 1966）。したがって，感謝メッセージによって行動をコントロールされることに対して抵抗を示すかもしれない。これらの個人特性によって，感謝メッセージに対する印象が変化し，互恵性の心理が喚起されにくくなり，社会的迷惑行為の抑止効果が低減する可能性が考えられる。この可能性を考慮し，研究4では，このような個人特性の影響を統制してもなお，感謝メッセージが互恵性の心理を喚起させて社会的迷惑行為を抑止するかどうかを検証する。

対面での物理的な親切行為に関する研究6では，互恵性の心理の感じやすさという個人特性に着目する。飲み物をおごるという好意の提供方略では，社会的迷惑行為の抑制を動機づけるほどの強い互恵性の心理が喚起されないという人々が存在するかもしれないためである。研究6では，互恵性の心理を感じやすい人々と，そうでない人々とで，好意の提供による社会的迷惑行為の抑止効果を比較する。

（5）文化的要因

互恵性の心理は，自己と他者を大きく区別しない相互依存的な文化的自己観を持つ東洋人において，より喚起されやすいことが示されている。東洋人は互恵性の心理に対して敏感で，受け取った好意には同等の好意を返報しなければならないという義務感が強いため，見知らぬ他者からプレゼントを渡されると，拒否したり，受け取ったとしてもお返しする義務があると考えたりするほどである（Shen et al., 2011）。本書の研究対象は日本人学生であるため，互恵性の心理の喚起しやすさの文化差を考慮して考察するべきである。研究6では，このことを踏まえて結果を考察する。

1.6　本書の目的と検討するモデル

本書では，社会的迷惑行為を効果的に抑止することを目指した「互恵性の心理を利用すること」の効果を検証する。特に，その方法が複数の手段を用いて

も同様に機能するかどうかということと，どのような条件で特に機能しやすくなるかという点を明らかにする。以上の目的を達成するため，複数の実証研究を実施する。それらをまとめたものをFigure 1.1のモデル図に示す。

まず，第2章の3つの実証実験を通して，感謝メッセージによる好意の提供を通して互恵性の心理が喚起され，社会的迷惑行為が抑制されるという行動的変化，および，ポジティブ感情の生起という感情的変化を検討する。記述的規範という状況要因が感謝メッセージの効果を調整するプロセスも併せて検討する。

次に，第3章の2つの実証実験を通して，第2章で検討された感謝メッセージによる好意の提供が互恵性の心理を喚起させ，社会的迷惑行為を抑制させるというモデルを検証する。加えて，迷惑抑止者の情報を付加することの効果を併せて検討する。

さらに，第4章の2つの実証実験を通して，対面での物理的・援助的な親切行為と命令的規範への焦点化（社会的迷惑行為をしてはいけないことを示すこと）が互恵性の心理を喚起させ，社会的迷惑行為を抑制させるかどうかを検討する。ここでは，互恵性の心理の感じやすさという迷惑行為者の要因を併せて

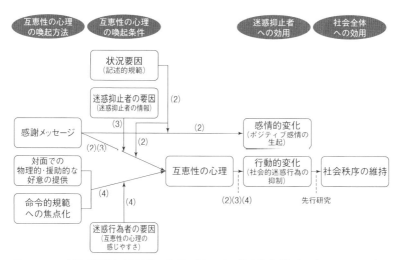

Figure 1.1　本書で検討する互恵性の心理の喚起による社会的迷惑行為の多面的抑止モデル
（括弧内の数字は各章の番号を表す）

検討する。

　最後に，第5章では，得られた知見を整理し，本書の意義や今後の課題と展望について議論する。以上を通して，互恵性の心理を利用して社会的迷惑行為を抑止する方法は，条件つきで効果的になるものの，さまざまな手段で利用可能で，多くのメリットを含む方法であるものとして提案する。

2

感謝メッセージと記述的規範が
社会的迷惑行為に及ぼす影響

2.1 本章の問題と目的

　本章の目的は，互恵性の心理を喚起させる一つの方法として，感謝メッセージに着目し，それが社会的迷惑行為を抑止するかどうかを検証することである。また，感謝メッセージの効果が，周囲の他者の行動を表す記述的規範によって変動する可能性も併せて検討する。第1章で述べたように，「ゴミの分別にご協力くださりありがとうございます」などの表現が用いられる感謝メッセージは，「ゴミの分別をしましょう」などの表現が用いられる行動促進メッセージと比較して，記述的規範がメッセージに含まれる命令的規範に一致しているときに（周囲の他者の多くがメッセージに従い，社会的迷惑行為を行っていないときに），互恵性の心理がより強く働き，社会的迷惑行為の抑止効果が高くなるだろう。このとき，ポジティブな感情も高まると考えられる。反対に，記述的規範がメッセージに含まれる命令的規範に一致していないときには（周囲の他者の多くがメッセージに従わず，社会的迷惑行為を行っているときには），感謝メッセージは，行動促進メッセージと比較して，不自然なメッセージに受け取られ，一種の不協和状態（Festinger, 1957）を招き，ネガティブ感情を高めるとともに，互恵性の心理が喚起されにくくなるために，社会的迷惑行為を抑止しにくくなるだろう。

　以上の予測を検証するべく，まず，2つの質問紙実験を通して，複数の社会的迷惑行為場面における感謝メッセージの効果を検討する。次に，そのうちの1つの場面を用いて，フィールド実験を行う。最後に，以上の3つの実験を通して得られた結果をまとめて考察する。

2.2　研究1：迷惑駐輪の仮想場面における感謝メッセージと記述的規範の効果

2.2.1　目　的

　研究1では，感謝メッセージと記述的規範が社会的迷惑行為に及ぼす効果について，迷惑駐輪という一つの場面において検討する。場面想定法を用いた質問紙実験を通して，人々が感謝メッセージを見たときに感じるであろう感情や認知，行動意図を詳細に調査する。

なお，社会的迷惑行為のような実際の行動を検討するにあたっては，本来ならばフィールド実験などを通して人々の実際の行動を観察して検討を行うことが望ましい。予測された行動意図と実際の行動との間にズレが存在する可能性があるためである。しかしながら，上述した詳細な心理的背景を調査することを目的としていることと，場面想定法は行動を予測するものとして一般的に認められている方法であることを考慮し，探索的にこの方法によって実験を行った。

2.2.2 方　　法

実験参加者および実験手続き

　名古屋市内の大学生262名（男子135名，女子127名；平均年齢18.85歳，$SD=1.17$）を対象として実験を実施した。262名の実験対象者のうち，回答に不備のあった14名を除外し，男子125名，女子123名，計248名（平均年齢18.92歳，$SD=1.18$）を最終的に分析対象者とした。

　実験の実施時期は2007年6月下旬であった。授業時間を利用し，心理学の課題として，一斉に質問紙を配布して実施された。実験終了後，用紙を配布し，内容を詳細に説明するとともにデブリーフィングを行った。

質問紙

　2つのメッセージ（感謝・行動促進）×2つの記述的規範（メッセージに含まれる命令的規範と一致・不一致）からなる4種類の質問紙を作成した。各質問紙は，以下の内容からなる。まず，歩行者の妨げとなるところに駐輪するという社会的迷惑行為をしたくなるような場面を想定してもらった（Table 2.1）。このとき，場面の中に記述的規範の操作を加え，メッセージに含まれる命令的規範と一致の場合は，歩道まで出て止められている自転車が2，3台あるとし，不一致の場合は，歩道が狭まるほど無秩序に自転車が止められているとした。その後，感謝と行動促進のメッセージのいずれか一つを提示し，そのとき自分ならどのような気分になるか（ポジティブ・ネガティブ感情の測定），どう行動するか（社会的迷惑行為の実行意図の測定），なぜその行動をとると答えたか（互恵性の心理および認知的不協和の測定），についての回答を求めた。最

後に，自由記述形式で，メッセージ，記述的規範，そしてその両方を見たときに，どのように感じたかについて回答を求めた。

ポジティブ・ネガティブ感情　感謝メッセージを見たときの感情についての質問項目は，ポジティブ・ネガティブ感情尺度を用いて測定した。この尺度は，多面的感情尺度（寺崎・岸本・古賀，1992）から14の感情項目を選定し，7つの形容詞対に改訂したもので，4段階で回答を求めた。具体的な項目は，Table 2.2に示した。

社会的迷惑行為　社会的迷惑行為の実行意図については，具体的な行動として挙げた3項目から最もあてはまる1項目を選択する形で回答を求めた。具体的な項目は，「自転車を整頓して駐輪スペース内に自転車を止める。」「少し離れても別の駐輪場へ止めに行く。」「駐輪スペースをこえて歩道にのり出している自転車と同じように，自分の自転車も止めておく。」であった。このうち，最後の1項目のみ社会的迷惑行為の実行意図を測定するものであり，残りの2項目は社会的迷惑行為の抑制意図を測定するものとなる。

互恵性の心理／認知的不協和　互恵性の心理および認知的不協和については，先に選択した行動の理由を問う形で，8～9項目のうちからよくあてはまるものを2項目選択して回答するよう求めた。具体的な項目は，互恵性の心理

Table 2.1　研究1で用いられた場面とメッセージ

あなたは，朝，自転車で大学へ行くことになりました。授業は2限目からでしたが，その授業の前に借りておかなければならない本があったので，大学の付属図書館に寄ってから授業に臨むことにしました。

記述的規範　一致
　図書館に着くと，駐輪場はいっぱいで，ほぼきれいに並んでとめられていました。2，3台ほど，駐輪スペースをこえて歩道にのりだして止められている自転車がありました。
記述的規範　不一致
　図書館に着くと，自転車が無秩序にとめられており，歩道が狭くなっているほどでした。

そしてその近くには，以下のような言葉が書かれている看板が立ててありました。
感謝メッセージ
　駐輪マナーを守っていただき，ありがとうございます。
行動促進メッセージ
　駐輪マナーを守りましょう。

についての 2 項目：「『駐輪マナーを守っていただき，ありがとうございます。（駐輪マナーを守りましょう。）』という看板を見て，誠意にこたえようと思ったから。」「看板を見て，きちんと駐輪しなければならないという義務感を感じたから。」，認知的不協和についての 1 項目：「看板を見て，不快な気分になったから。」，そしてフィラー項目 5 ～ 6 項目：例「自転車がほとんどきれいに止められていたから。」である。なお，互恵性の心理についての項目のうち，「誠意にこたえようと思ったから」という項目は，互恵性の心理が喚起される際に生じるとされている感謝や好意といった感情に相当し，「義務感を感じたから」という項目は，負債感に相当すると考え，独自に作成した。これらの項目は，Goei, Roberto, Meyer, & Carlyle（2007）の研究で用いられている項目とも一致する。

2.2.3 結　果
感情の因子分析

　主たる分析に先立ち，ポジティブ・ネガティブ感情尺度について因子分析（主因子法）を行った（Table 2.2）。固有値の減衰状況と解釈可能性に基づき 1 因子を採用した。得点が高くなるほどポジティブ感情が高く，得点が低くなるほどネガティブ感情が高くなるように逆転項目を処理し，7 項目の加算得点をポジティブ・ネガティブ感情尺度得点として用いた（$\alpha=.88$）。

Table 2.2　ポジティブ・ネガティブ感情の因子パターン

			因子負荷量	共通性
	4. 機嫌の良い	― 機嫌の悪い	.85	.72
	6. さわやかな	― むっとした	.83	.69
	1. 気持ちの良い	― 気分を害した	.82	.67
	7. 陽気な	― 物悲しい	.69	.48
*	2. 暗い	― 明るい	.66	.44
	3. 気力に満ちた	― 無気力な	.66	.43
*	5. 疲れた	― はつらつとした	.54	.30

＊…逆転項目

メッセージと記述的規範によって生起する感情

Table 2.3に，条件別のポジティブ・ネガティブ感情得点の平均値および標準偏差を記す。ポジティブ・ネガティブ感情に関して，2（メッセージ：感謝・行動促進）×2（記述的規範：メッセージに含まれる命令的規範と一致・不一致）の2要因分散分析を行ったところ，記述的規範がメッセージに含まれる命令的規範と一致しているときの方が，不一致のときに比べて，相対的にポジティブな感情になるという記述的規範の主効果がみられたが（$F(1, 243)=31.57$, $p<.01$），記述的規範とメッセージの交互作用はみられなかった。数値上では，記述的規範がメッセージに含まれる命令的規範に一致しているときに，感謝メッセージの方が，行動促進メッセージよりも，ポジティブ感情を高める傾向が見て取れ，予測を支持しているように見えるが，交互作用効果が得られなかったため，予測は支持されなかった。また，感謝メッセージの方が行動促進メッセージよりもポジティブな感情になるというメッセージの主効果もみられた（$F(1, 243)=4.27$, $p<.01$）。

Table 2.3　条件別のポジティブ・ネガティブ感情得点の平均値および標準偏差

メッセージ	記述的規範	平均値	標準偏差
感謝	一致	16.52	3.77
	不一致	13.33	3.28
行動促進	一致	14.95	3.75
	不一致	13.02	3.40

メッセージと記述的規範が社会的迷惑行為の実行意図，互恵性の心理，認知的不協和に及ぼす影響

Table 2.4に，条件別の社会的迷惑行為，互恵性の心理，認知的不協和項目の選択率を記す。社会的迷惑行為の項目の選択率は，「社会的迷惑行為を実行するという項目を選んだ人数／当該条件の全体の人数」で算出した。互恵性の心理の項目の選択率は，「社会的迷惑行為を抑制するという項目を選んだ者の中で，互恵性の心理によって行動したことを示す項目を選んだ人数／当該条件で社会的迷惑行為を抑制するという項目を選んだ人数」で算出し，同様に，認

知的不協和については，「社会的迷惑行為を実行するという項目を選んだ者の中で，認知的不協和によって行動したことを示す項目を選んだ人数／当該条件で社会的迷惑行為を実行するという項目を選んだ人数」で算出した。

　メッセージや記述的規範の違いによって社会的迷惑行為の実行意図に違いがあるかについて，変数減少法を用いた階層対数線型モデルによって分析を行った結果，従属変数のみのモデルしか得られなかった（$\chi^2(6)=2.30, p=.89$）。このことから，メッセージや記述的規範にかかわらず，社会的迷惑行為の抑制意図を選択する人が多いことが示された。数値上では，記述的規範がメッセージに含まれる命令的規範と一致しているときに，感謝メッセージの方が，行動促進メッセージよりも，社会的迷惑行為を抑止している傾向が見て取れ，予測を部分的に支持しているように見えるものの，分析上は不支持となった。

　社会的迷惑行為を抑制するという項目を選んだ者の中で，メッセージや記述的規範の違いによって互恵性の心理を行動の理由として選択する人数に違いがあるかを対数線型モデルによる分析で検討を行った。その結果，2項目（誠意，義務感）とも従属変数のみのモデルしか得られなかった（誠意：$\chi^2(6)=11.22, p=.08$, 義務感：$\chi^2(6)=0.58, p=.99$）。メッセージや記述的規範によって，互恵性の心理の選択率に違いがみられなかったものの，誠意の項目でのみ，下位検定で多少の結果が得られたため，以下，この結果について記す。メッセージ×互恵性の心理の選択度と（$\chi^2(3)=4.90, p=.18$），記述的規範×互恵性の心理の選択度のモデルについて（$\chi^2(3)=4.90, p=.18$），下位検定として，それぞれのモデルにχ^2検定と残差分析を行った。その結果，感謝メッセージを提示されたときの方が，行動促進メッセージを提示されたときよりも，人々が互恵性の心理の理由を選択すること（$\chi^2(1)=4.71, p<.05$），記述的規範がメッセージに含まれる命令的規範と一致しているときの方が，一致していないときよりも，人々が互恵性の心理の理由を選択することが示された（$\chi^2(1)=4.71, p<.05$）。ポジティブ感情の結果同様に，数値上では，記述的規範がメッセージに含まれる命令的規範に一致しているときに，感謝メッセージの方が，行動促進メッセージよりも，ポジティブ感情を高める傾向が見て取れ，予測を支持しているように見えるが，交互作用効果が得られなかったため，予測は支持されなかった。

　社会的迷惑行為を選択した者の中で，認知的不協和を行動の理由として選択

Table 2.4 条件別の社会的迷惑行為，互恵性の心理，認知的不協和の選択率（％）

メッセージ	記述的規範	社会的迷惑行為	互恵性の心理		認知的不協和
			誠意	義務感	
感謝	一致	12.1	25.9	29.3	0
	不一致	19.7	12.2	30.6	0
行動促進	一致	15.5	12.2	30.6	0
	不一致	19.0	5.9	31.4	0

した者は，どの条件においても0人であった。メッセージや記述的規範にかかわらず，認知的不協和が喚起されていないことが示され，予測は不支持となった。

2.2.4 考　察

　結論としては，ポジティブ感情と互恵性の心理に関する結果においてのみ，メッセージや記述的規範の主効果はみられたものの，メッセージと記述的規範の交互作用が得られず，予測は支持されなかった。この点に関しては，感謝メッセージによって，認知的不協和が喚起されなかったことが要因として考えられる。認知的不協和が喚起されなかったことで，記述的規範がメッセージに含まれる命令的規範と不一致の場合にも，一致している場合と同様に，感謝メッセージにおいて，ポジティブ感情が高まり，互恵性の心理が喚起されたのだろう。以上のことが，メッセージの主効果が得られ，交互作用が得られなかったことの背景として考えられる。ただし，メッセージにかかわらず，認知的不協和を喚起された者がそもそも存在しなかったため，この解釈には注意が必要である。認知的不協和を喚起された者が存在しなかった理由としては，社会的迷惑行為を選択した人数が極端に少なかったことが挙げられる。本研究では，社会的迷惑行為を選択した者の中での認知的不協和の喚起率を検討したため，社会的に望ましい回答をしようとした者などが多く，社会的迷惑行為があまり選択されなかった場合には，認知的不協和も選択されにくくなる。こうした背景から，認知的不協和を選択した者がどの条件にもいなくなったと考えられる。しかしながら，自由記述の回答では，「いらいらした」といった回答がみられており，認知的不協和による不快感を喚起させられる可能性はある。

一方で,統計的に有意ではないものの,メッセージに含まれる命令的規範と記述的規範が一致しているときに,行動促進メッセージよりも,感謝メッセージを提示することが,ポジティブな感情と互恵性の心理を喚起させ,社会的迷惑行為を抑止するという結果が数値上では得られた。この結果は,社会的迷惑行為を抑止するにあたって,感謝メッセージを提示する場合,記述的規範をメッセージに含まれる命令的規範と一致するように操作することが必要であることを示唆するものである。そのことで,迷惑行為者に互恵性の心理が喚起され,不快感を抱かれることなく社会的迷惑行為を抑制させることができると言える。

研究1では,数値上,予測と部分的に合致する結果が得られたものの,統計的に意味のある結果には至らず,予測は不支持となった。この背景には,場面設定が適切ではなかった可能性や,各項目への回答方法に問題があった可能性,社会的望ましさの影響で社会的迷惑行為や認知的不協和を選択する者が少なかった可能性などが影響していると考えられる。研究2では,以上の点を見直し,仮説を再検証する。

2.3 研究2:多様な社会的迷惑行為の仮想場面における感謝メッセージと記述的規範の効果

2.3.1 目　的

研究2では,研究1でみられた方法論的な問題点を修正し,多様な社会的迷惑行為の仮想場面で,感謝メッセージと記述的規範の交互作用効果を質問紙実験で再検討することを目的とする。修正された問題点は以下の3点である。

第一に,想定した場面についてである。研究1で想定するよう求めた場面では,自身の行動状態に対する言及がなく(急いでいる,面倒だと感じているなど),社会的迷惑行為を行う必然性が極端に低かったと言える。そもそも社会的迷惑行為を実行したいと考える人々が少なくなるような場面であったため,メッセージや記述的規範の違いによって行動や感情が変化するという現象が見えにくくなってしまっていると考えられた。この問題点を修正すべく,研究2では,社会的迷惑行為を行いたいのだけれどもそうすべきではない雰囲気であることがわかるような場面に設定した。たとえば,ゴミを分別して捨てなけれ

ばならないのだけれども，急いでいるため，分別することなく素早くゴミを捨ててしまいたいと思わせる場面である。なお，このような急ぎ要因が社会的迷惑行為の実行に強く影響をもたらすことは先行研究で実証済みである（北折・吉田，2004）。

　第二に，各項目への評定方法についてである。研究1でポジティブ・ネガティブ感情を測定する際には，SD法を使用した。ところが，これらの項目に回答しづらかったという感想が実験参加者から複数寄せられた。実験参加者の声は，感情を一次元上にとらえることが現実の多くの人々の考えと合致していないことを表しているものと考えられる。感情研究においても，感情を快－不快の一次元上のものととらえる見解と（e.g., Russell, 1979），複数の次元からなるととらえる見解がある（e.g., Gotib & Meyer, 1986; Watson, Clark, & Tellegen, 1988）。研究2では，後者の見解にもとづき，ポジティブ感情項目とネガティブ感情項目について，それぞれ評定段階法で回答を求める。また，この回答形式とそろえる形で，社会的迷惑行為や互恵性の心理などの項目についても，評定段階法で回答を求める。

　第三に，社会的望ましさの影響による回答の歪みについてである。社会的望ましさ（social desirability）とは，パーソナリティ検査などにおいて影響する反応的構え（response set）の1つの変数として提唱されている。社会的望ましさによって，回答者が社会的に望ましい方向へ回答を歪める傾向があるとされている（Edwards, 1957；肥田野・柳井・塗師・繁枡・高根，1997）。社会的迷惑行為は基本的に社会的に望ましくない行為である。本研究ではそのような行動を取るかどうかを質問している。したがって，自分を良く見せようとして，実際よりも迷惑行為をしないと回答するなどの社会的望ましさによる歪みが生じる可能性が考えられる。研究2では，研究1では統制できなかったこうした回答の歪みを結果に反映させないために，社会的望ましさ尺度において社会的に望ましい方向に高得点で回答した者を分析から除外する。

■ 2.3.2　方　　法

実験参加者および実験手続き

　実験参加者は愛知県内の大学生232名（男子82名，女子150名；平均年齢

19.42歳，SD=1.42) であった。実験の実施時期は2007年11月下旬であった。授業時間内に心理学の課題の一つとして実施され，一斉に質問紙が配布された。実験終了後，用紙が配布され，内容を詳細に説明されるとともにデブリーフィングが行われた。

質 問 紙

　各質問紙には，大学生が日常的に経験しやすい2つの社会的迷惑行為の場面が提示され，想定するように求められた。場面1は，食堂で，待っている人がいるのに，食べ終わっても席を立たないという場面（以下，「食堂場面」）であり，場面2は，分別をせずにゴミを捨てるという場面（以下，「ゴミ場面」）であった。上記の場面には，それぞれ，2種類の記述的規範（メッセージに含まれる命令的規範と一致・不一致）のうちのどちらか一方と，2種類のメッセージタイプ（感謝・行動促進）のうちのどちらか一方が提示された（Table 2.5）。なお，実験参加者の個人差の要因が出ることを防ぐため，各回答者には，2つの場面で，同じメッセージ・記述的規範が提示されることはなく，場面ごとに異なるメッセージ・記述的規範が提示され，カウンターバランスが取られた。たとえば，場面1で，感謝メッセージと，メッセージに含まれる命令的規範と一致する記述的規範が提示された場合，場面2では，行動促進メッセージと，メッセージに含まれる命令的規範と不一致の記述的規範が提示された。したがって，Table 2.6のような4種類の質問紙が作成された。それぞれの場面状況とともに，記述的規範，メッセージが提示された上で，参加者は，どのような感情を抱いたか，実際にどのような行動を取るか，そしてなぜその行動を取ると回答したのかをたずねられた。以下に，質問紙で用いた尺度，項目について詳細に説明する。

　ポジティブ・ネガティブ感情　　提示された記述的規範とメッセージを見たときに感じた感情について，多面的感情尺度（寺崎他，1992）を参考に独自に作成したポジティブ・ネガティブ感情尺度10項目を用い，どの程度感じたかを「全く感じなかった：1」「あまり感じなかった：2」「少し感じた：3」「かなり感じた：4」「非常によく感じた：5」の5段階で回答を求めた。具体的な項目はTable 2.8に記す。

規範遵守的行動/社会的迷惑行為　提示された記述的規範とメッセージを見たときに取るであろう行動について，具体的な行動を規範遵守的行動と社会的迷惑行為に分けて挙げ，それぞれについて「絶対にしないと思う：1」「あまりしないと思う：2」「少しすると思う：3」「かなりすると思う：4」「絶対にすると思う：5」の5段階で回答を求めた。項目数は，Table 2.7に示したように，場面や記述的規範ごとに若干異なり，2項目（規範遵守的行動1項目，社会的迷惑行為1項目）または3項目（規範遵守的行動2項目，社会的迷惑行為1項目）であった。これは，場面や記述的規範の違いによって，実際に取るであろう行動の種類にも違いがみられると考えられたためである。4種類の質問紙は，すべての項目数，項目内容を統一して作成する方針であったが，行動の選択肢が少なすぎて回答者が困惑することを防止するため，項目内容や項目数をこのように各質問紙の内容に合わせることとした。規範遵守的行動が2項目になった場合には，2項目の平均値を算出し，これを規範遵守的行動得点とした。

互恵性の心理/認知的不協和　上述の行動の項目において，なぜそのように回答したのか，その理由について回答を求める形で，互恵性の心理と認知的不協和を測定した。項目は，Table 2.7に記したように，メッセージに対する互恵性の心理3項目，メッセージに対する認知的不協和1項目，その他考えられる具体的な理由を挙げたフィラー項目8項目（例：「ゴミが全く分別されず，汚い状態だったから。」「いつもそんなに気にせず食後のんびりすることが多いから。」）の計12項目であった。これらについて，それぞれ「全くあてはまらない：1」「あまりあてはまらない：2」「少しあてはまる：3」「よくあてはまる：4」「非常によくあてはまる：5」の5段階で回答を求めた。互恵性の心理と認知的不協和の項目については，それぞれの定義をふまえ，これによくあてはまるような項目を独自に作成した。

社会的望ましさ　Crowne & Marlow（1960）の社会的望ましさ尺度33項目から，10項目を日本語訳した堀尾・高橋（2004）の社会的望ましさ尺度10項目を使用し，社会的望ましさを測定した。評定は，「はい」「いいえ」の2件法であった。

Table 2.5 研究2で用いられた場面とメッセージ

場面1．食堂で，待っている人がいるのに，食べ終わっても席を立たない。	場面2．分別をせずにゴミを捨てること。
あなたは，午前中の授業後，友人と2人で大学の食堂で昼食を取ることにしました。あなたが食堂に入ったころにはそれほど混雑していませんでしたが，あなたが食事を終える頃には混雑してきて，席が空くのを待っている人たちが出てきました。ちょうど話が盛り上がっていたあなたとあなたの友人は，次の授業までまだかなり時間もあり，友人はこの後あなたとは違う授業を取るということもあり，空調も整っていて快適なこの食堂でもう少し友人と話していたいと思いました。	さて，一日の授業をすべて終えたあなたは，この後アルバイトに行きます。まだそれまで少し時間が余っていたので，友人と軽く夕食をとることにしました。コンビニで買って，教室で食べることにしました。そして食事を終えて，ゴミを捨てに行きました。そしてもうその頃には急いでアルバイトに行かなければならない時間になっていました。
記述的規範　一致　　周りを見渡すと，食後すんなりと席を立つ人が多く，わりと回転が良い様子でした。	記述的規範　一致　　ゴミ箱にはほとんどのゴミがきちんと分別されて入っていました。
記述的規範　不一致　　周りを見渡すと，食事を終えても仲間同士でしゃべっている人たちがたくさんいました。	記述的規範　不一致　　ゴミ箱にはゴミがまったく分別されておらず，ゴミがあふれてとても汚い状態でした。
そしてふと見ると，食堂に以下のような貼り紙がありました。○席をゆずりあってご利用いただき，ありがとうございます。○後の人に席をゆずりましょう。	そしてその近くには，以下のような言葉が書かれている看板が立ててありました。○ゴミの分別にご協力いただき，ありがとうございます。○ゴミの分別をしましょう。

Table 2.6 研究2で用いられた4種類の質問紙パターン

質問紙	食堂場面		ゴミ場面	
	メッセージ（感謝・行動促進）	記述的規範（メッセージに含まれる命令的規範と一致・不一致）	メッセージ（感謝・行動促進）	記述的規範（メッセージに含まれる命令的規範と一致・不一致）
パターンA	感謝	一致	行動促進	不一致
パターンB	行動促進	不一致	感謝	一致
パターンC	感謝	不一致	行動促進	一致
パターンD	行動促進	一致	感謝	不一致

Table 2.7 各質問紙パターンにおける行動項目と行動理由項目

		食堂場面		ゴミ場面	
		行動項目	行動理由項目	行動項目	行動理由項目
質問紙A		規範遵守的行動 1. 友人との会話を少しだけ中断し，とりあえず席を立って食堂を出て別の場所を探して話す。	互恵性 1.「席をゆずりあってご利用いただき，ありがとうございます。」という貼り紙を見て，誠意にこたえようと思ったから。 2. 貼り紙を見て，席をゆずらなければという義務感，負担を感じたから。 3. 貼り紙を見て，恩を感じ，何かお返しをして返したいと思ったから。	規範遵守的行動 1. きちんと分別して，指定されたゴミ箱のところへ置いておく。 2. あいている他のゴミ箱を探しに行って，そこへきちんと分別して捨てる。	互恵性 1.「ゴミを分別しましょう。」という貼り紙を見て，誠意にこたえようと思ったから。 2. 貼り紙を見て，きちんと分別しなければという義務感，負担を感じたから。 3. 貼り紙を見て，恩を感じ，何かお返しをして返したいと思ったから。
		迷惑行為 2. その場でそのまま友人と会話をし続ける。	不協和 4. 貼り紙を見て，不快な気分になったから。	迷惑行為 3. 他のゴミと同じように，分別せずにゴミ箱へ押し込むかゴミ箱の近くへ置いておく。	不協和 4. 貼り紙を見て，不快な気分になったから。
質問紙B		規範遵守的行動 1. 友人との会話を少しだけ中断し，とりあえず席を立って食堂を出て別の場所を探して話す。	互恵性 1.「後の人に席をゆずりましょう。」という貼り紙を見て，誠意にこたえようと思ったから。 2. 貼り紙を見て，席をゆずらなければという義務感，負担を感じたから。 3. 貼り紙を見て，恩を感じ，何かお返しをして返したいと思ったから。	規範遵守的行動 1. きちんと分別して，指定されたゴミ箱に捨てる。	互恵性 1.「ゴミの分別にご協力いただき，ありがとうございます。」という貼り紙を見て，誠意にこたえようと思ったから。 2. 貼り紙を見て，きちんと分別しなければという義務感，負担を感じたから。 3. 貼り紙を見て，恩を感じ，何かお返しをして返したいと思ったから。
		迷惑行為 2. その場でそのまま友人と会話をし続ける。	不協和 4. 貼り紙を見て，不快な気分になったから。	迷惑行為 2. 分別せずにゴミ箱へそのまま捨てるかゴミ箱の近くに置いておく。	不協和 4. 貼り紙を見て，不快な気分になったから。
質問紙C	（質問紙Bと同じ）		（質問紙Aと同じ）	（質問紙Bと同じ）	（質問紙Aと同じ）
質問紙D	（質問紙Aと同じ）		（質問紙Bと同じ）	（質問紙Aと同じ）	（質問紙Bと同じ）

Table 2.8 食堂場面・ゴミ場面におけるポジティブ・ネガティブ感情の因子分析結果および各下位尺度・各項目の平均値・標準偏差

	食堂場面					ゴミ場面				
項目	I	II	共通性	平均値	標準偏差	項目	I	II	共通性	平均値	標準偏差
ポジティブ感情				8.72	3.59	ポジティブ感情				7.99	3.51
10. 気持ちよさ	.81	−.01	.51	2.05	1.15	6. 嬉しさ	.85	.08	.59	1.80	0.92
6. 嬉しさ	.81	−.02	.43	1.80	0.92	10. 気持ちよさ	.78	.06	.68	2.05	1.15
3. ありがたさ	.78	−.01	.61	1.99	1.01	3. ありがたさ	.78	−.11	.60	1.99	1.01
1. 親しみ	.71	.06	.65	2.15	1.05	1. 親しみ	.76	−.05	.71	2.15	1.05
ネガティブ感情				5.29	2.22	ネガティブ感情			.69	5.63	3.00
9. 不機嫌	−.06	.86	.52	1.96	1.15	9. 不機嫌	.03	.98	.94	1.96	1.15
7. 嫌悪	−.05	.72	.74	1.87	1.09	7. 嫌悪	.01	.83	.66	1.87	1.09
2. 怒り	.05	.66	.66	1.80	1.03	2. 怒り	−.03	.82	.59	1.80	1.03
因子間相関	−.06					因子間相関	−.19				

2.3.3 結　果

社会的望ましさ尺度の分析

　全10項目の合計得点を社会的望ましさ尺度得点とした。合計得点と各項目の相関係数の平均値は$r=.35$（min=.12, max=.54）であった。尺度の内的整合性は$\alpha=.60$と低かったが，代替尺度がないため，この尺度を用いて社会的望ましさを測定することとした。そして，社会的望ましさ尺度得点が平均値＋2標準偏差以上の者（7名）は，社会的望ましさのために回答に歪みが生じていると考えられたため，以降の分析から除外した。

ポジティブ・ネガティブ感情尺度の分析

　ポジティブ・ネガティブ感情10項目について，それぞれの場面において特に大きい床効果のみられた2項目を除外した。残りの8項目について因子分析（主因子法・プロマックス回転）を行い，2因子構造を妥当と判断した。十分な因子負荷量が得られなかった1項目を除外し，再度因子分析を行った結果をTable 2.8に記す。第1因子は，気持ちよさや嬉しさなど，ポジティブな感情を表現した4項目で構成されていることから，「ポジティブ感情」因子と命名した。第2因子は，不機嫌，嫌悪など，ネガティブな感情を表す3項目で構成されており，「ネガティブ感情」因子と命名した。各因子に高い負荷量を示し

た項目の合計得点を各下位尺度得点とした。尺度の内的整合性を検討したところ，食堂場面のポジティブ感情は $\alpha=.86$，ネガティブ感情は $\alpha=.78$，ゴミ場面のポジティブ感情は $\alpha=.87$，ネガティブ感情は $\alpha=.91$ と十分な値が得られた。

メッセージと記述的規範が行動・感情・認知に及ぼす効果

メッセージと記述的規範を独立変数，行動（規範遵守的行動/社会的迷惑行為），感情（ポジティブ感情/ネガティブ感情），認知（互恵性の心理/認知的不協和）のそれぞれを従属変数とした2要因分散分析を行った。その結果（Table 2.9），食堂場面においては交互作用がみられず，予測は支持されなかったが，ゴミ場面においては，部分的に予測が支持された。以下，ゴミ場面の結果を記す。

まず，行動（規範遵守的行動/社会的迷惑行為）を従属変数としたときの予測を検証した。その結果，社会的迷惑行為を従属変数としたときに，交互作用効果がみられた（$F(1, 213)=7.23, p<.01$）。単純主効果の検定を行ったところ，感謝メッセージのときの記述的規範の単純主効果と（$F(1, 213)=4.89, p<.05$），記述的規範がメッセージに含まれる命令的規範と一致していないときのメッセージの単純主効果（$F(1, 213)=19.25, p<.01$）がみられた。この結果は，感謝メッセージは，記述的規範がメッセージに含まれる命令的規範と一致していないときよりも，一致しているときの方が，迷惑抑止効果がみられるということを示している。また，感謝メッセージは，記述的規範とメッセージに含まれる命令的規範が不一致のときには，行動促進メッセージよりも迷惑行為効果が低減してしまうことを示している。

次に，感情（ポジティブ感情/ネガティブ感情）を従属変数としたときの予測を検証した。その結果，ポジティブ感情を従属変数としたときに交互作用効果がみられた（$F(1, 213)=6.54, p<.05$）。単純主効果の検定を行ったところ，感謝メッセージのときの記述的規範の単純主効果と（$F(1, 213)=4.89, p<.05$），記述的規範がメッセージに含まれる命令的規範と一致しているときのメッセージの単純主効果（$F(1, 213)=13.06, p<.01$）が得られた。感謝メッセージは，記述的規範がメッセージに含まれる命令的規範と一致していないときよりも，一致しているときの方が，ポジティブ感情を生起させるということが示

Table 2.9 条件別の平均(標準偏差)と2要因分散分析結果

記述的規範	一致		不一致		分散分析 F値		
メッセージ	感謝	行動促進	感謝	行動促進	記述的規範	メッセージ	交互作用
食堂場面							
規範遵守行動	3.76 (0.85)	3.77 (0.76)	3.66 (0.88)	3.76 (0.78)	0.24	0.24	0.16
迷惑行為	2.28 (0.90)	2.29 (0.73)	2.34 (0.90)	2.45 (0.82)	1.01	0.28	0.21
ポジ感情	10.09 (3.77)	8.36 (3.51)	8.85 (3.39)	7.59 (3.31)	4.46*	9.91**	0.25
ネガ感情	4.69 (2.18)	4.91 (1.94)	5.58 (2.39)	6.00 (2.18)	11.34**	1.18	0.10
互恵性	2.52 (1.13)	2.71 (1.19)	2.62 (1.06)	2.85 (1.12)	0.62	1.93	0.01
不協和	1.52 (0.75)	1.43 (0.68)	1.66 (0.71)	1.63 (0.76)	3.04	0.37	0.09
ゴミ場面							
規範遵守行動	4.30 (0.69)	4.00 (0.92)	3.09 (0.83)	3.13 (0.75)	91.02**	1.38	2.39
迷惑行為	1.59 (0.74)	1.87 (0.86)	2.34 (0.96)	1.96 (0.99)	12.06**	0.17	7.23**
ポジ感情	10.04 (4.19)	7.72 (3.12)	7.13 (2.82)	7.11 (2.98)	15.22**	6.70*	6.54*
ネガ感情	4.57 (1.95)	5.04 (2.28)	5.63 (2.92)	7.26 (3.85)	17.93**	7.37**	2.29
互恵性	3.00 (1.18)	2.70 (1.15)	2.35 (1.00)	2.76 (1.13)	3.80	0.14	5.52*
不協和	1.26 (0.44)	1.38 (0.56)	1.43 (0.63)	1.46 (0.61)	2.76	0.99	0.30

**…$p<.01$, *…$p<.05$

された。また,記述的規範がメッセージに含まれる命令的規範と一致しているときには,感謝メッセージの方が,行動促進メッセージよりもポジティブな感情を生起させることが示された。

最後に,認知(互恵性の規範/認知的不協和)を従属変数としたときの予測を検証した。その結果,「貼り紙を見て,〜しなければという義務感,負担を感じたから。」という互恵性の心理の項目においてのみ,メッセージと記述的規範の交互作用効果($F(1, 212)=5.52, p<.05$)が得られた。単純主効果の検定を行ったところ,感謝メッセージのときの記述的規範の単純主効果($F(1, 212)=9.32, p<.01$)が得られた。感謝メッセージは,記述的規範がメッセージに含まれる命令的規範に一致していないときよりも,一致しているときに,互恵性の心理を喚起させることが示された。

2.3.4 考 察

研究2では,研究1でみられた方法論上の問題点を改善し,感謝メッセージが社会的迷惑行為を抑止する効果が記述的規範によって変化するかどうかを検

2.3 研究2:多様な社会的迷惑行為の仮想場面における感謝メッセージと記述的規範の効果

討した。その際，喚起される感情や互恵性の心理についても，回答形式に工夫を加えるなどして再度検討した。その結果，ゴミ場面においてのみ部分的に予測が支持され，食堂場面では全く支持されなかった。

　まず，研究2のメインの結果であるゴミ場面での結果について考察する。感謝メッセージは，記述的規範がメッセージに含まれる命令的規範と一致していないときよりも，一致しているときの方が，社会的迷惑行為を抑止しやすくなることが示された。このとき，互恵性の心理と，ポジティブ感情が喚起されていることも確認された。すなわち，周囲の人々がゴミを分別していることで，感謝メッセージは，人々の期待に沿う快いメッセージとなり，お返しをしたいと思わせるために，社会的迷惑行為を抑止しやすくなったと言える。一方で，行動促進メッセージと比較して，感謝メッセージの迷惑抑止効果は，記述的規範がメッセージに含まれる命令的規範と不一致のときに低減してしまうことも明らかとなった。その理由としては，感謝メッセージが不自然なメッセージに受け取られ，不協和状態を招いてネガティブ感情を高めることが考えられたが，不協和はどの条件においても喚起されにくかったことから，不協和がその理由かどうかを確認できなかった。以上の結果は，予測を全面的に支持するものではなかったものの，感謝メッセージが互恵性の心理を通して社会的迷惑行為を抑止する効果を適切に発揮させるためには，ゴミ捨て場をきれいにしておくなど，記述的規範を命令的規範に一致させておかなければならないということが示されたと言える。

　次に，食堂場面において予測が支持されなかったことについての考察を述べる。大学生が日常的に経験しやすいという点を考慮して社会的迷惑行為の場面が選出されたが，食堂場面ではゴミ場面よりも全体的に迷惑行為が行われやすいということが示されており（$t(215)=4.93, p<.01$），場面によって構造的な違いがあることが考えられる。その違いとして考えられるのは，食堂場面では，不特定多数の人々に対する社会的迷惑行為よりも，会話相手に対する対人的な迷惑行為に注目していた可能性である。つまり，周囲の他者に対して席を譲らなければならないという規範よりも，目の前の友人との会話を中断してはいけないという規範の方が強かったことが考えられる。会話をしている友人とは今後の関係性を考慮する必要があるが，見知らぬ周囲の他者に対してはそれほど

今後の関係性を考慮する必要がないためである。このような状況は，高木・村田（2005）で述べられているような迷惑行為者と迷惑認知者の注目する規範が異なる状態でもあると考えられる。この状態で迷惑行為者の注目する規範を迷惑認知者の注目する規範に合わせても，社会的迷惑行為が抑止されにくいことが同研究で示されている。本研究でも同様に，メッセージによって迷惑認知者の注目する規範に焦点化をさせたものの，友人とのコミュニケーションマナーを優先したことにより，社会的迷惑行為が抑止されにくくなったとも考えられる。なお，ゴミ場面においても，アルバイト先に遅刻してはいけないという迷惑行為者が注目する規範と，ゴミを分別しなければならないという迷惑認知者が注目する規範という異なった対立する規範が存在すると考えられる。しかし，ゴミを分別するという規範遵守的行動を取ることが必ずしもアルバイト先に遅刻するということにつながるわけではない点が，食堂場面と異なるといえるだろう。食堂場面では，席を譲るという規範遵守的行動を取った場合には，友人とのコミュニケーションマナーを一旦後回しにしなければならず，ゴミ場面よりも，迷惑認知者の注目する規範に合わせた規範遵守的な行動を取ることにはコストがかかると考えられる。このような相違によって，食堂場面では全体的に社会的迷惑行為の得点が高く，メッセージの効果が反映されにくくなったと考えられる。そのほかにも以下の2つの可能性が考えられる。食堂場面の記述的規範一致条件では，「みんなが席を立っているから自分も立たなくては」という状況よりむしろ，「みんなが席を立っているから自分は席を立たなくても良い」という状況を表してしまっていたかもしれない。このために，記述的規範の操作が有効に働かず，予測どおりの結果が得られなかったということが第一の可能性である。第二の可能性としては，食堂場面において，「待っている人たちが出てきました」という文章が，待っていた人たちが外に出てきたという意味に誤解され，回答が正確になされなかったために，予測を支持する結果が得られなかったことが挙げられる。しかしながら，食堂の中にいた「あなた」として登場している回答者自身の視点に立つと，前後の文脈から，外に出てきたというよりは出現したという意味で理解されたと考えられる。この点に関して，実験実施中に回答者から質問を受けたり，感想欄に指摘を書かれたりしたことはなかったことからも，回答者に理解されていると思われた。そのため，

第二の可能性については，食堂場面で結果が見られなかったことの直接的な要因とは考えにくいが，文意が伝わらず，誤解を生む可能性はあったため，この場面の結果については注意して検討する必要があるだろう。

　本研究の問題点としては，感情の項目において，多くの床効果・天井効果がみられたことが挙げられる。分布に偏りがある中での分析であったため，解釈には注意を要するだろう。場面想定法での感情測定であり，かつ，回答者本人にそれほど被害などが及ぶ場面ではなかったため，感情喚起の程度が弱かったと考えられる。また，このことは，不協和喚起に伴うネガティブ感情が喚起されなかったこととも関係していると考えられる。

　最後に，本研究の意義について述べる。社会的迷惑行為の抑止方法には，対面で注意をするという方法もある。面と向かって注意をすることは，感謝メッセージよりも効果的かもしれない。しかしながら，それによって，注意した相手の怒りを喚起させ，迷惑行為を悪化させたり，注意をした者が危害を加えられたりするといった不条理な反応が返ってくることがあるだろう。そうでなくても，注意をする側もされる側も，またそれを見ている側も不快な気分になる。感謝メッセージの提示による社会的迷惑行為の抑止は，互恵性の心理を利用することで，迷惑抑止者も周囲の他者も不快にならずに，迷惑行為者の自発的な行動を快く促す効果的な方法であると考えられる。本研究では，そうした感謝メッセージが効果的になるための条件の一つを検討できたという点で意義があったと言える。

2.4　研究3：感謝メッセージと記述的規範の効果
　　　　―ゴミの分別行動に関する観察実験―

2.4.1　目　的

　研究3では，研究1，2で検討された感謝メッセージと記述的規範の交互作用効果が，現実場面での社会的迷惑行為に対してもみられるかどうかをフィールド実験を通して検証することを目的とした。研究1，2で使用した場面想定法では，社会的迷惑行為を予測された行動意図という形でしか測定できなかった。研究3では，人々の実際の行動を測定し，研究1，2で測定された行動意図と同様の結果が得られるかどうかを検討する。特に，研究2において，感謝

メッセージと記述的規範の交互作用効果に関する予測がおおむね支持された「ゴミの分別をしない」という社会的迷惑行為場面に焦点を当てて検討する。ただし，ゴミの分別行動には個人の習慣が影響する可能性がある。そのため，研究3では，習慣の影響を最大限統制するため，新規なゴミの分別方法を提示し，その分別方法に従うか否かを社会的迷惑行為の指標とする。実験参加者には，別の実験に参加してもらい，その実験の謝礼として渡された紙パック飲料を実験用に設置したゴミ箱に捨てるよう教示するという手続きを取った。

2.4.2 方　法

実験の対象者および実施時期

実験対象者は，愛知県内のN大学の学生198名であった。このうち，分析対象となったのは，実験の誘導に従ってゴミ箱にゴミを捨てた113名（男性38名，女性75名）であった。実験の実施時期は2008年11月下旬～12月下旬，2009年1月中旬～1月下旬，2009年4月中旬～6月下旬であった。

実験デザイン

メッセージ（感謝・行動促進）と記述的規範（メッセージに含まれる命令的規範と一致・不一致）の2要因参加者間計画である。

手続き

実験参加者は，本実験とは別の内容の実験（研究6）に参加し，実験の最中もしくは最後に紙パック飲料を手渡された。その後，紙パック飲料をできるだけ実験室内で飲み干して，この実験のために設置された最寄りの紙パック専用ゴミ箱にゴミを捨てるように指示された。指定された紙パック専用ゴミ箱の中には，あらかじめ分別されていたり分別されていなかったりする紙パックゴミをいくつか入れておき，他の人がどのように分別しているかが分かるようにし，記述的規範の提示を行った。さらに，そのゴミ箱に感謝もしくは行動促進メッセージを提示した。紙パック専用ゴミ箱にゴミを捨てた参加者は，ゴミ箱内のゴミの分別状態，すなわち記述的規範と，そこに貼られたメッセージを見た上で自らの分別行動を行ったと判断した。参加者の中には，紙パック飲料を飲み

干すことができなかったり，紙パック専用ゴミ箱を利用しなかったりした者がいたため，分析対象となったのは，紙パック飲料を飲み干し，指定された紙パック専用ゴミ箱に紙パック飲料のゴミを捨てた者のみの分別行動である。また，直前の実験（研究6）における実験条件が気分などに及ぼす影響を考慮し，直前の実験における実験群と統制群は，本研究における各条件にほぼ均等に振り分けられた。最後に，ゴミの分別行動を観察した際には，本実験の趣旨を伝えることができなかったため，実験内容のデブリーフィングは，後日メールによって行われた。

メッセージ

　メッセージは，紙パック専用ゴミ箱のふたを開けた内側の部分にＡ４サイズ（縦21.0cm，横29.7cm）で掲示された。メッセージが常に見えるように，ゴミ箱のふたは開けたままにされた。提示された感謝メッセージは，「ゴミの分別にご協力いただき，ありがとうございます」であり，行動促進メッセージは，「ゴミを分別しましょう」であった。これらのメッセージに加え，両メッセージに共通して「こちらは紙パック専用ゴミ箱です。（ストローは不燃）かさばるので，つぶしてから捨ててください。」というゴミの分別方法を明示した文章がイラストつきで記載された。

記述的規範

　記述的規範の操作は，紙パック専用ゴミ箱内に15個の紙パックゴミをあらかじめ捨てておき，その分別状態を操作することによって行われた。記述的規範がメッセージに含まれる命令的規範と一致している条件では，13個の紙パックゴミをストローおよびストローの入っていた袋とは分別した上で容器をつぶして捨てておき，残りの2個の紙パックゴミについては，ストローもストローの入っていた袋も容器に付けたまま分別せず，つぶさずにそのままの形で捨てておいた。記述的規範がメッセージに含まれる命令的規範と不一致の条件においては，一致条件とは反対に，2個の紙パックゴミをストローおよびストローの入っていた袋とは分別した上で容器をつぶして捨てておき，13個の紙パックゴミは，ストローもストローの入っていた袋も容器に付けたまま分別せず，

つぶさずにそのままの形で捨てられた。ゴミ箱の大きさは，幅40cm，奥行き29cm，高さ55cmであり，高さ40cmの段ボール箱をゴミ箱内に入れて高さを上げ，段ボール箱が見えないようにゴミを入れておいた。これによって，ゴミが参加者から見えやすい高さに置かれ，ゴミの分別状態が判別しやすくなるとともに，紙パック専用ゴミ箱に多くのゴミが捨てられているかのように見せることができた。

紙パック飲料

実験参加者に手渡された紙パック飲料は，250mlの緑茶もしくは125mlのりんごジュースであった。飲み物を飲む時間が限られていたため，少量の飲料で，かつ，日本人大学生が好みそうなものという基準から，これらの飲料を選出した。女性には，より少量のりんごジュースを，男性には，女性よりやや多めの緑茶を提供した。いずれの紙パック飲料も，ストローが袋に入れられて容器本体に付属されているものであった。

ゴミの分別行動

紙パックゴミの分別行動は，(1) ストロー本体を容器と分別して別のゴミ箱に捨てている，(2) ストローの袋を容器と分別して別のゴミ箱に捨てている，(3) 容器をつぶしている，の3点を基準とし，1つの基準を満たすごとに1点ずつ加算した。ゴミの分別行動得点は，この3つの基準の合計得点とした。

2.4.3 結　果

メッセージと記述的規範が社会的迷惑行為に及ぼす効果

感謝メッセージが社会的迷惑行為を抑止する効果が記述的規範によって変化するかどうかを検討するため，メッセージ（感謝・行動促進）と記述的規範（メッセージに含まれる命令的規範と一致・不一致）を独立変数，ゴミの分別行動を従属変数とした2要因分散分析を行った。その結果 (Figure 2.1)，記述的規範の主効果のみが得られた（$F(1, 109)=11.02, p<.01$）。記述的規範がメッセージに含まれる命令的規範と一致しているときの方が（$M=1.68, SD=1.00$），一致

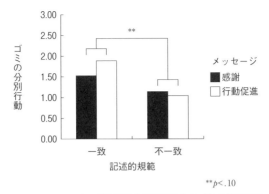

Figure 2.1 メッセージと記述的規範別にみたゴミの分別行動

していないときよりも（$M=1.09$, $SD=0.95$）ゴミの分別行動が促されることが示された。以上の結果から，感謝メッセージと記述的規範の交互作用効果に関する予測は支持されなかった。

2.4.4 考　察

　研究2の質問紙実験でおおよそ支持された感謝メッセージと記述的規範の交互作用効果に関する予測は，研究3のフィールド実験では支持されなかった。そのかわりに，周囲の他者が社会的迷惑行為を実行していないと，その行動を模倣して社会的迷惑行為をしなくなるという記述的規範の強い影響力を表す結果が得られた。人々が記述的規範をはじめとする周囲の他者の行動に従って行動しやすいという現象は，社会心理学の研究で長年にわたって実証されてきている（e.g., Asch, 1951; Chartland & Bargh, 1999; Cialdini et al., 1991; Darley & Latane, 1968）。研究3で得られた結果は，これらの先行研究と合致するものであったと言える。同時に，感謝メッセージの効果は，現実場面における周囲の他者の行動の影響力をしのぐほどのものではなかったことを表している。

　しかしながら，研究3には2つの問題点が挙げられ，この点を考慮すると，現実場面における感謝メッセージと記述的規範の交互作用効果がないとは結論づけられない。1点目の問題点は，メッセージのインパクトが弱かったことである。研究3の実験参加者の行動を観察していた実験協力者の報告によると，

多くの参加者は,ゴミ箱の前で立ち止まることなくゴミを捨てており,メッセージやゴミ箱の中身にあまり注意を払っているように見えなかったとのことである。研究1,2では,質問紙上の記述を通して感謝メッセージや記述的規範を強制的に見させられたのに対し,研究3ではこのように多くの人々が感謝メッセージや記述的規範を見たのかどうかすら疑われた。感謝メッセージや記述的規範に注意が払われなかったことで,研究3では,それらが社会的迷惑行為に及ぼす影響を検討しきれなかった可能性が大いに考えられる。今後の研究では,何が書いてあるのかを認識してもらえるような貼り紙として感謝メッセージを提示し,本研究の枠組みを再検証することが求められる。

2点目は,習慣の要因を統制できなかったことである。参加者は,実験室を出た後でゴミ箱までしばらく歩かなければならなかったため,中には,ゴミ箱に到達する前に,紙パック飲料を折りたたんだりストローを事前に分別したりしている者もいた。そのため,研究3の結果には,参加者自身のゴミ分別に関する習慣の要因が含まれていたと言える。また,紙パック本体の中にストローを入れてしまっていた参加者もいた。その場合は,わざわざストローを取り出さずに捨ててしまう者が多かった。今後は,ゴミの分別行動にまつわる習慣の要因を統制するべく,即座にゴミを捨てるように求めるか,別の社会的迷惑行為場面において感謝メッセージと記述的規範の効果を検討するべきである。

2.5 まとめ

第2章を通して,互恵性の心理を通して社会的迷惑行為を抑止する方法の一つとして,感謝メッセージの提示が有効であることが示唆された。また,感謝メッセージの効果は,周囲の他者の行動として示される記述的規範によって変動することも明らかとなった。ただし,予測していた感謝メッセージと記述的規範の交互作用効果については,研究間で一致しない結果が得られた。最も予測に近い結果が得られたのは研究2で,感謝メッセージは,周囲の他者が社会的迷惑行為を実行していないときに,ポジティブ感情と互恵性の心理を喚起させ,社会的迷惑行為を抑止するのに対し,周囲の他者が社会的迷惑行為を実行しているときには,社会的迷惑行為を抑止しにくくなるという結果が一部で得

られた。研究1では，統計的に意味のある結果ではなかったものの，同様の傾向が見て取れた。研究2は，研究1の場面の選定や回答方法，社会的望ましさの影響など，方法論上の問題点を改善して行われた研究であったため，最も予測に近い結果が得られたのであろう。それに対し，研究3では，メッセージに関係なく，周囲の他者が社会的迷惑行為を実行しているか否かで，参加者の社会的迷惑行為の実行度が変化するという結果となった。研究3は，場面想定法による質問紙実験を用いた研究1，2とは異なり，フィールド実験であった。そのため，質問紙上と比べ，メッセージや状況のインパクトが弱まったり，習慣の影響が出やすくなったりした。このことが研究3と研究1，2との間の結果の違いを生んだと考えられる。

3

感謝メッセージと迷惑抑止者の情報が社会的迷惑行為に及ぼす影響

3.1 本章の問題と目的

　本章では，前章で検討した記述的規範のように統制困難な要因ではなく，迷惑抑止者が統制可能な要因である「迷惑抑止者の情報を付加すること」によって，感謝メッセージを通した互恵性の心理の喚起による社会的迷惑行為の抑止効果が高まるかどうかを場面想定法を用いた質問紙実験を通して検証する。前章では，感謝メッセージが互恵性の心理を喚起させて社会的迷惑行為を抑止するというプロセスが，周囲の他者の行動を表す記述的規範によって変化することが示唆された。その中でも，周囲の他者が社会的迷惑行為を実行していると，感謝メッセージによる互恵性の心理が喚起されなくなり，社会的迷惑行為が助長されてしまう可能性が示された。本章では，こうした状況要因によって互恵性の心理の効果が低減されてしまうことを防ぐために，他のコントロール可能な要因の一つである迷惑抑止者の情報提示を通して，互恵性の心理の効果を高めることを目指す。

　ここでは，2つの質問紙実験を通して，上述した点について検討する。加えて，2つ目の質問紙実験では（研究5），より詳細な感謝メッセージの影響プロセスに焦点を当てる。具体的には，感謝メッセージが喚起させる互恵性の心理が複数の要素から構成される可能性を検討する。さらに，感謝メッセージが記述的規範や心理的リアクタンスなどの互恵性の心理以外のプロセスを通して社会的迷惑行為を抑止するのか否かを明らかにする。最後に，以上の2つの質問紙実験を通して得られた結果をまとめて考察する。

3.2　研究4：迷惑駐輪の仮想場面における感謝メッセージと迷惑抑止者の情報の効果

3.2.1　目　的

　本研究の目的は，感謝メッセージを通した互恵性の心理の喚起による社会的迷惑行為の抑止効果が，メッセージの送り手である迷惑抑止者の情報提示によってより強くなるのかを検討することである。さらに，感謝メッセージによって互恵性の心理が喚起され，社会的迷惑行為が抑止されるという影響過程を確認することも目的としている。

この目的を達成するために，以下に2つの仮説を立てる。仮説1は，感謝メッセージと迷惑抑止者の情報の双方が提示されることによる社会的迷惑行為の抑止効果に関するものである。第1章で述べたように，メッセージに迷惑抑止者の情報を提示することで，感謝メッセージが受け手の社会的迷惑行為を抑制させる効果を強化できると考えられる。迷惑抑止者の情報が感謝メッセージに対する好意の返報先を明確にするからである。本研究では，迷惑抑止者の情報の中でも特に管理行動に関する情報を提示することで，迷惑抑止者の信憑性や真摯さが保証され，感謝メッセージによって喚起される互恵性の心理の効果が高まることを予測する。仮説2は，それらの2つの作用がどのように社会的迷惑行為を抑制させるのかという影響過程に関するものである。研究1，2では，記述的規範がメッセージに含まれる命令的規範に一致している際に，感謝メッセージが互恵性の心理を喚起させることが示されたことを受け，本研究では，感謝メッセージが互恵性の心理を媒介して社会的迷惑行為を抑止するという影響過程を確認する。

仮説 1 　感謝メッセージは，迷惑抑止者の情報があるときの方が，ないときよりも受け手の社会的迷惑行為の抑制意図を高める。

仮説 2 　感謝メッセージが提示されるとき，迷惑抑止者の情報は受け手の互恵性の心理を媒介して社会的迷惑行為の抑制意図を高める。

個人特性の影響

なお，仮説2の検討にあたっては，個人特性の影響を統制した上で行う。ある個人においては，他の個人と比べて感謝メッセージの解釈の仕方が異なり，社会的迷惑行為の抑制効果も異なると考えられるためである。ここでは，メッセージによって自分の行動を変容させられることに抵抗感を抱くであろう個人の影響を統制する。具体的には，自尊心の高い者，一般的信頼の低い者，Locus of Controlにおいて内的統制の高い者の影響を統制する。自尊心の高い者は自己に関連した脅威に強く反応するため (vanDellen et al., 2011)，一般的信頼の低い者は見知らぬ他者一般に対する信頼が低いため (山岸, 1998)，内的統制の高い者は自らの行動を自分の力でコントロールしようとするため (Rotter, 1966)，他者が自分の行動を変容させようとする感謝メッセージに対

3.2.2 方　　法

実験の対象者および実施時期

　愛知・三重県内の専門学校生および大学生206名が実験に参加した。そのうち，回答に不備が認められた者15名を除外した191名（男性78名，女性103名，不明10名）が分析対象となった。

要因計画

　メッセージ（感謝・命令）と迷惑抑止者の情報（あり・なし）の2要因参加者間計画であった。

質問紙

　仮想場面の提示と条件操作　　自転車の駐輪マナーに関する社会的迷惑行為の仮想場面を提示した（Table 3.1）。駐輪マナーに関する仮想場面は，研究1でも使用されたことと，大学生および専門学校生が日常的に経験しやすいと考

Table 3.1　提示された仮想場面，メッセージ，迷惑抑止者の情報の内容

あなたは，ある日，自転車に乗って買い物に出かけました。その途中，少しだけ買わなければいけないものがあったので，普段よく行くスーパーに寄りました。 　あなたは，スーパーの駐車場に自転車をとめようとしました。しかし，他の自転車がたくさんとまっていたので，あなたの自転車をとめるスペースはほとんどありませんでした。他の自転車を動かしてなんとか自分の自転車をとめようかと思いましたが，倒してしまったりすると面倒なので，駐輪スペースではないところにとめようかとも思い始めました。 　ふと駐輪場を見ると，以下のような貼り紙がありました。 感謝メッセージ きれいに駐輪していただきありがとうございます 　　　　　　　　　　　　　　　　　　　　　　　　　　　　○○スーパー交通整備員 命令メッセージ きれいに駐輪してください 　　　　　　　　　　　　　　　　　　　　　　　　　　　　○○スーパー交通整備員 迷惑抑止者の情報 貼り紙の人物は，あなたが普段からよく見かける交通整備係の人でした。その人は，いつも自転車をきれいに整頓してくれています。

えられたことを受け，選定された。仮想場面では，前半部分で状況の具体的な説明文が提示された。後半部分では，2種類のメッセージタイプ（感謝・命令）のうちのいずれか一方が提示された。どちらのメッセージにも，リアリティを求めるため，迷惑抑止者である駐輪場の管理者の顔写真が掲載された。顔写真には，作業服を着た50代前半の男性がニュートラルな表情をしている写真（胸から上の正面写真，タテ1.5cm×ヨコ2.0cm，モノクロ印刷）が使用された。さらに，迷惑抑止者の情報あり条件では，メッセージの後に，管理者が駐輪場を管理している情報が提示された。迷惑抑止者の情報なし条件では，そのような情報は提示されなかった。

社会的迷惑行為の抑制意図　当該場面における社会的迷惑行為を回避するための行動を2種類挙げた。「他の自転車を動かして，空いたところに自分の自転車をとめる」および「別の空いている駐輪場を探して，自分の自転車をとめる」である。それぞれをどの程度実行すると思うかを6件法で回答を求めた。2項目の得点の平均点を社会的迷惑行為の抑制意図の得点とした（$M=3.99$, $SD=1.19$; $r=.34$, $p<.01$）。

互恵性の心理　迷惑抑止者に対して抱くと考えられる互恵性の心理3項目について，6件法で回答を求めた。各項目は，「良いことをしてあげたいと思う」，「迷惑をかけたくないと思う」，「お返しをしてあげたいと思う」である。3項目の得点の平均点を互恵性の心理の得点とした（$M=3.13$, $SD=1.35$, $\alpha=.82$）。

個人特性　（1）自尊心，（2）一般的信頼，（3）Locus of Controlを用いた。自尊心と一般的信頼については，得点が高いほどその個人特性をよく表すように配点した。Locus of Controlについては，得点が高くなるほど内的統制が高くなるように配点した。

（1）自尊心　Rosenberg（1965）によって作成され，山本・松井・山成（1982）によって邦訳された10項目からなる尺度を用いた。5段階評定で回答を求めた。先行研究と同様に，因子負荷量の低い項目8のみを削除した9項目の平均点を自尊心の得点とした（$M=2.97$, $SD=0.73$, $\alpha=.83$）。

（2）一般的信頼　山岸（1998）によって作成された尺度を用いた。5段階評定で回答を求めた。全6項目の平均点を一般的信頼の得点とした（$M=2.92$, $SD=0.84$, $\alpha=.85$）。

（3）Locus of Control　鎌原・樋口・清水（1982）によって開発された尺度を用いた。4段階評定で回答を求めた。鎌原他（1982）にならい，全18項目の平均点をLocus of Controlの得点とした（$M=2.65, SD=0.43, \alpha=.77$）。

3.2.3　結　果
仮説1の検討

　感謝メッセージと迷惑抑止者の情報の双方の提示によって，受け手の社会的迷惑行為の抑制意図が高まるかどうかを検証した。社会的迷惑行為の抑制意図を従属変数，メッセージ（感謝・命令）×迷惑抑止者の情報（あり・なし）を独立変数とする2要因分散分析を行った。その結果，有意な交互作用効果が認められた（$F(1, 187)=4.38, p<.05, \eta^2=.02$）。具体的には，感謝メッセージを提示された人は，迷惑抑止者の情報がないときよりもあるときに，社会的迷惑行為の抑制意図が高まることが示された（$F(1, 187)=3.94, p<.05$）。また，迷惑抑止者の情報を提示された人は，命令メッセージよりも感謝メッセージを提示されたときに，社会的迷惑行為の抑制意図を高める傾向が確認された（$F(1, 187)=3.78, p<.10$）。命令メッセージが提示されたときの迷惑抑止者の情報の単純主効果，および，迷惑抑止者の情報がなかったときのメッセージの単純主効果は認められなかった。これらの結果は，仮説1を支持するものであった。すなわち，感謝メッセージと迷惑抑止者の情報を単独で提示するのではなく，2

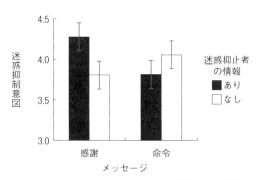

Figure 3.1　実験条件別にみた社会的迷惑行為の抑制意図の平均値（エラーバーは標準誤差）

つ合わせて提示することによって，社会的迷惑行為の抑制意図が高まることが示された。各条件における社会的迷惑行為の抑制意図得点の平均値と標準誤差をFigure 3.1に記す。

仮説2の検討

感謝メッセージは，迷惑抑止者の情報が提示されると，互恵性の心理を媒介して社会的迷惑行為の抑制意図を高めるかどうかを検証するため，媒介分析を行った。個人特性の影響を統制するため，自尊心，一般的信頼，Locus of Controlを統制変数として投入した。分析にはSPSS用のマクロであるINDIRECTを使用した（Preacher & Hayes, 2008）。その結果（Figure 3.2），感謝メッセージを提示された人は，迷惑抑止者の情報が互恵性の心理を媒介して社会的迷惑行為の抑制意図を高めることが示された。具体的には，互恵性の心理を媒介させることで，媒介させる前に比べ，迷惑抑止者の情報から社会的迷惑行為の抑制意図への影響が有意な値から非有意な値へと変化した。また，互恵性の心理の間接効果は.17であった。この値が0よりも有意に差があることを示すため，ブートストラップ法（リサンプリング回数は1000回）によって95%信頼区間を算出した。その結果，信頼区間に0は含まれていなかった（[0.05, 0.41]）。したがって，間接効果は有意であることが示された。以上より，感謝メッセージは，迷惑抑止者の情報が提示されると，互恵性の心理を媒介して社会的迷惑行為の抑制意図を高めることが示された。この結果は，個人特性の影響を統制してもなお有意であることが示された。

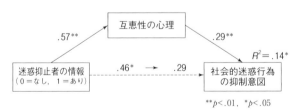

Figure 3.2　感謝メッセージ提示時に迷惑抑止者の情報が互恵性の心理の喚起を介して社会的迷惑行為の抑制意図に影響を及ぼすモデル

3.2.4 考　察

　本研究では，感謝メッセージを提示する際に，メッセージの送り手である迷惑抑止者の情報があることで，互恵性の心理が強く喚起され，社会的迷惑行為がより効果的に抑制される可能性を検討した。その結果，感謝メッセージは，迷惑抑止者の情報があるときに受け手の社会的迷惑行為の抑制意図を高めることが示された（仮説1支持）。さらに，感謝メッセージが提示されるとき，迷惑抑止者の情報は互恵性の心理を媒介して社会的迷惑行為の抑制意図を高めることが示された（仮説2支持）。なお，仮説2の媒介過程は，個人特性の影響からは説明されない部分であっても十分に成立した。したがって，本研究の仮説はいずれも支持された。

　これらの結果は，これまで限定的な効果であった感謝メッセージの社会的迷惑行為の抑制効果を補強するものとして，迷惑抑止者の情報が有用であることを示している。これまでは，感謝メッセージの効果は周囲の人々がそのメッセージに従っているか否かに大きく左右されていることが示されていた（第2章）。周囲の人々の行動をつねにコントロールしておけば感謝メッセージの効果を引き出せるということである。しかし，周囲の人々の行動をつねにコントロールしておくことは難しいことが多い。たとえば，つねに駐輪場を整頓しておくことは難しい。本研究では，迷惑抑止者の情報を付加することで感謝メッセージの社会的迷惑行為の抑制効果を促進可能であることが示された。迷惑抑止者の情報を付加するかしないかは，管理者によってコントロールできる。たとえば，管理者が平日の9時〜17時まで駐輪場の整頓をしているという情報は容易に載せられる。そのため，コントロール可能な迷惑抑止者の情報を付加することで，感謝メッセージの社会的迷惑行為の抑制効果を比較的容易に補強することができたと言える。

　感謝メッセージと迷惑抑止者の情報の提示によって，社会的迷惑行為の抑制効果に限らず，受け手の長期的な向社会的行動の促進効果も期待される。この長期的な効果は，従来の禁止や制裁という迷惑抑止者からの一方的で高圧的な働きかけに代わって，抑止される者の心理に着目した比較的柔和な働きかけを行ったことから予測される。受け手はこうした働きかけを受けて，迷惑抑止者に対する信頼や互恵性の心理を醸成させる。ここで醸成された信頼や互恵性の

心理を他の行動場面においても他者にも向ければ，長期的に向社会的行動を行うだろう。他者とポジティブな関係性を築くことが向社会的行動を促進するという知見からも（Pavey, Greitemeyer, & Sparkset, 2011），感謝メッセージと迷惑抑止者の情報を通した互恵性の心理の喚起によって，向社会的行動の持続が予測される。

さらに，感謝メッセージと迷惑抑止者の情報の提示によって，一般的な他者へと向社会的行動が連鎖していく可能性も期待される。近年，互恵性の心理が連鎖していく可能性が示唆されている（Nowak & Roch, 2007）。このプロセスを通して感謝メッセージと迷惑抑止者の情報を通した互恵性の心理が広がれば，互恵性の心理への返報行為としての向社会的行動が社会全体に醸成される。以上より，感謝メッセージと迷惑抑止者の情報を通した社会的迷惑行為へのアプローチは，向社会的行動の持続と連鎖を予測する。その結果，こうしたアプローチは社会全体の秩序の維持に重要な役割を担うだろう。

3.3 研究5：感謝メッセージと迷惑抑止者の情報が社会的迷惑行為を抑止する代替過程の検討

3.3.1 目　的

研究4を通して，感謝メッセージに迷惑抑止者の情報を付加することで，互恵性の心理が喚起されやすくなり，社会的迷惑行為が抑止されることが示された。研究5では，この抑止プロセスの詳細に焦点を当て，互恵性の心理が複数の要素から構成される可能性を検討することと，互恵性の心理の抑止プロセスが，以下の2つの代替プロセスによって説明されるか否かについて検証することを目的とした。

1つ目の代替プロセスは，心理的リアクタンスである。不誠実な感謝の言葉は，皮肉として解釈されることがある（Kreuz & Glucksberg, 1989）。「きれいに駐輪してくださりありがとうございます」などの感謝メッセージも，感謝を表しながら行動を指定してくる「いやみ」なメッセージだと解釈されるかもしれない。そのように感謝メッセージがネガティブに解釈された場合，自身の行動の自由を取り戻そうとして，心理的リアクタンスの作用によって社会的迷惑行為を実行しようと考えてしまうだろう（Brehm, 1966）。以上より，感謝メッ

セージの影響過程は，互恵性の心理よりも，心理的リアクタンスによって説明可能なのかどうかを検証する必要がある。そのために，本研究では，感謝メッセージがネガティブな印象を与えるかどうかを検討する。

2つ目の代替プロセスは，記述的規範である。第2章では，感謝メッセージの効果が周囲の他者の行動を表す記述的規範によって変動することが示された。しかし，そうした外的に示される記述的規範を見る以前に，感謝メッセージ自体にも記述的規範の情報が含まれている。受け手自身だけでなく，その場を利用した周囲の他者に対しても感謝メッセージの感謝の言葉が向けられていると解釈すれば，その言葉に周囲の他者が従っているかどうかが重要な情報となってくる。周囲の他者が感謝メッセージに従っていれば，感謝メッセージの妥当性が保証され，互恵性の心理を通して社会的迷惑行為が抑止されやすくなる。反対に，周囲の他者が感謝メッセージに従っていなければ，不可解なメッセージとして解釈され，認知的不協和と心理的リアクタンスを通して社会的迷惑行為が助長される。この影響過程は，ちょうど第2章で検討した感謝メッセージと記述的規範の交互作用効果と重なる。つまり，感謝メッセージを見ることで，受け手の記述的規範に対する関心が高まるため，記述的規範の情報が感謝メッセージの効果を説明する最も重要な要因であるという代替プロセスも考えられる。第2章で，人々は感謝メッセージよりも記述的規範に対して敏感に反応することが示されていることからも，上記の代替プロセスについて検討することは重要である。

以上の議論と，これまでの研究で示された感謝メッセージにおける互恵性の心理を介したポジティブな社会的迷惑行為の抑止過程にもとづき，以下の2つの予測を検証する。

予測1 迷惑抑止者の情報が提示された感謝メッセージは，受け手にネガティブな印象を与えない。

予測2 迷惑抑止者の情報が提示された感謝メッセージにおける互恵性の心理を介した社会的迷惑行為の抑止過程は，記述的規範の影響過程を考慮しても頑健に示される。

3.3.2 方　　法

実験対象者

　愛知県内の大学生271名が調査に参加した。そのうち，回答に不備が認められた者15名を除外した256名（男性146名，女性109名，不明1名）が分析対象となった。

要因計画

　メッセージ（感謝・命令）と迷惑抑止者の情報（あり・なし）の2要因参加者間計画であった。

質問紙

　仮想場面の提示と条件操作　　研究4と同一の自転車の駐輪マナーに関する社会的迷惑行為の仮想場面を提示した（Table 3.1）。仮想場面の前半部分で状況の具体的な説明文が提示され，後半部分では，駐輪場管理者の顔写真が掲載された2種類のメッセージ（感謝・命令）のうち，いずれか一方が提示された。さらに，迷惑抑止者の情報あり条件では，管理者が駐輪場を管理している情報が付加された。迷惑抑止者の情報なし条件では，そのような情報は提示されなかった。

　互恵性の心理　　互恵性の心理が複数の要素から構成される可能性を検討するべく，メッセージ提示者に対して抱くと考えられる多様な互恵性の心理29項目について6件法で回答を求めた。これらの項目は，Goei et al.（2007）の互恵性の心理の項目を参考にし，本研究の文脈に沿うよう独自に作成された。以下の3つの下位尺度からなる。(1) 互恵的行動意図：「この人には良いことをしてあげたいと思う」など6項目，(2) 負債感：「この人にすまないと思う」など6項目，(3) 好印象：「この人は良い人だと思う」など3項目である。

　メッセージに対するネガティブな評価　　メッセージに対して抱くと考えられるネガティブな評価について6件法で回答を求めた。「この貼り紙は『いやみ』な言い方だと思う」など4項目からなる。

　記述的規範への焦点化　　メッセージによって焦点化されると考えられる記述的規範について6件法で回答を求めた。「みんなが貼り紙に従っていれば自

分も従う」など3項目からなる。

社会的迷惑行為の実行意図　当該場面における社会的迷惑行為について，どの程度実行すると思うかを6件法で回答を求めた。具体的な項目は，「駐輪スペースではないところに自分の自転車をとめる」など4項目である。

3.3.3　結　果

感謝メッセージに対するポジティブな評価

メッセージに対するネガティブな評価を従属変数，メッセージの種類と迷惑抑止者の情報を独立変数とした分散分析を行った。その結果，迷惑抑止者の情報の有無にかかわらず，命令メッセージのほうが，感謝メッセージよりも，ネガティブな印象を与えていたことが示された（$F(1, 249)=6.47, p<.05, \eta^2=.02$; Figure 3.3）。この結果から予測1が支持された。

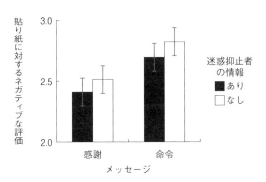

Figure 3.3　実験条件別にみた貼り紙に対するネガティブな評価

互恵性の心理を介した感謝メッセージの影響過程

構造方程式モデリングによる分析の結果，互恵性の心理を介した影響過程が示された（Figure 3.4）。すなわち，迷惑抑止者の情報ありの感謝メッセージを提示されると，迷惑抑止者に対する互恵性の心理を介して社会的迷惑行為の実行意図が低下することが明らかとなった。この結果から予測2が支持された。一方で，記述的規範を介した影響過程はみられなかった。

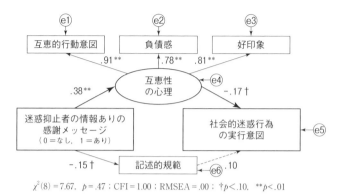

Figure 3.4　感謝メッセージ提示群における構造方程式モデリングによる分析結果

3.3.4　考　察

　以上の結果から，研究5における2つの予測は支持された。すなわち，迷惑抑止者の情報が提示された感謝メッセージは，心理的リアクタンスの喚起によってネガティブに評価されることはなく，ポジティブに評価されていた。加えて，そうしたメッセージは，周囲の人々の行動（記述的規範）を基準とした受動的な意図ではなく，感謝メッセージの送り手への返礼を目指した主体的な互恵性の心理の喚起を介して社会的迷惑行為を抑制させた。感謝メッセージが心理的リアクタンスを喚起させなかったことに関して，El-Alayli & Messé (2004)の研究では，予期せず過剰に親切にしてもらったとき，それに返報する機会があることを事前に知っていれば互恵性の心理が，知らなければ心理的リアクタンスが喚起されることが示されている。受け取った好意への返報機会を高めるものとして，メッセージの送り手である迷惑抑止者の情報も含まれると考えられる。このことから，感謝メッセージによって互恵性の心理が喚起されるのは，迷惑抑止者の情報が提示されるなど，送り手への返報可能性が高まったときで，感謝メッセージによって心理的リアクタンスが喚起されるのは，迷惑抑止者の情報がなく，送り手への返報可能性が低かったときと考えることができる。研究4同様に，迷惑抑止者の情報が，感謝メッセージを通した互恵性の心理の効果を高めるための重要な条件の一つであることが示されたと言える。

また，互恵性の心理が，互恵的行動意図，負債感，好印象という多面的な主観的判断から形成されることも明らかとなった。ただし，本研究で互恵性の心理を測定した尺度は，信頼性や妥当性が十分に検討されていない。そのため，今後は，互恵性の心理の尺度について，信頼性や妥当性を検討し，本研究の結果と同様のことが示されるかどうかということや，互恵性の心理の各下位概念が社会的迷惑行為にどのような影響を与えるのかということを検討することが課題である。

社会的迷惑行為の抑止方法に留意せず安易に制裁を行使すれば，相手の反発心を招いてその行為を助長したり（e.g., 産経新聞, 2009），一時的な抑止効果しか得られなかったりする（Mulder et al., 2006a）。これに対し，送り手の情報が提示された感謝メッセージは，相手の反発心を招くことなく，互恵性の心理を介して自発的に社会的迷惑行為を抑制させる。このことから，送り手の情報が提示された感謝メッセージは，受け手との円滑な対人関係を維持した上で能動的かつ長期的に社会的迷惑行為を抑止する有用な方法と考えられる。

3.4 まとめ

第3章を通して，本書で提唱した互恵性の心理に基づく社会的迷惑行為の抑止方法が，感謝メッセージに迷惑抑止者の情報を付加して提示するという比較的コストのかからない方法を通しても向上することが示された。迷惑抑止者の人物像が明確になることで，感謝メッセージによって示される好意の返報先が明確になる。そのため，感謝メッセージの受け手の互恵性の心理が喚起されやすくなり，社会的迷惑行為が抑止されやすくなる。以上のことが，2つの質問紙実験を通して実証された。

加えて，研究5では，上記の感謝メッセージの影響プロセスが，互恵性の心理以外の要因では説明されないことも明らかとなった。感謝メッセージには，いやみなメッセージだと解釈されて心理的リアクタンスを喚起されたり，メッセージに暗示された記述的規範の情報に注目されたりすることで，社会的迷惑行為を促してしまう可能性はないことが改めて示された。

以上の結果は，比較的コストのかからない感謝メッセージによって，互恵性

の心理というポジティブな心理状態で社会的迷惑行為を抑止可能であることを示している。そのため，研究4で考察されたように，この方法を活用すれば，社会的迷惑行為が長期的に抑止され，向社会的行動が社会全体に広がると考えられる。

4

対面での親切行為が
社会的迷惑行為に及ぼす影響

4.1 本章の問題と目的

　第4章では，感謝メッセージに代わり，より直接的な対面でのコミュニケーションを通して互恵性の心理を喚起させる従来の方法で，社会的迷惑行為が抑止されるかどうかを検討する。先行研究では，互恵性の心理によって向社会的行動が促進されるかどうかが検討されてきたものの (e.g., Regan, 1971; Garner, 2005)，感謝メッセージの提示を通した互恵性の心理によって社会的迷惑行為といったネガティブな行動が抑止されるかどうかを検討した研究は，これまでなかった。そのため，感謝メッセージ独自の効果で社会的迷惑行為が抑止されるのか，互恵性の心理の効果で社会的迷惑行為が抑止されるのかが不明確であった。そこで，本章では，互恵性の心理を喚起させる従来の方法であっても，感謝メッセージと同様に社会的迷惑行為を抑止可能であることを実証し，この点を明確にする。

　以上の点を検討するにあたり，以下の2つの実験室実験を行う。1つ目の実験では，飲み物をおごるという先行研究で使用されていた互恵性の心理の喚起方法を使用し (e.g., Goei et al., 2007; Regan, 1971)，それが静かにするべき場所で大声で話すという社会的迷惑行為にどのように影響を与えるかを検証する。2つ目の実験では，1つ目の実験でみられた問題を改善し，実験参加者に代わって，退屈で面倒な課題を引き受けてあげるという無形の親切行為を通した互恵性の心理の喚起方法によっても，社会的迷惑行為が抑止されるかどうかを検討する。

4.2　研究6：二者が実行する社会的迷惑行為場面における物理的な親切行為の効果

4.2.1　目　的

　研究6では，対面での親切行為を通して互恵性の心理が喚起され，社会的迷惑行為が抑止される可能性を検証する。特に，飲み物をおごるという物理的な好意の提供を通して，二者間の大声での会話という社会的迷惑行為が抑止されるかどうかを検討する。

　ここで，この方法の効果を発揮させるには，社会的迷惑行為を行う者に対し

て当該行為が迷惑であることを認識させるための忠告が必要と考えられる。規範的行為の焦点化理論より（Cialdini et al., 1991），社会的迷惑行為の行為者に対して当該行為への忠告（当該行為が迷惑であることの暗示）を行えば，受け手はその行為をするべきではないという命令的規範に焦点化される。この規範に焦点化されて初めて，受け取っていた好意に対してどのように返報するべきかが明確になり，互恵性の心理の効果が発揮されると考えられる。

以上より，社会的迷惑行為を行っている者でも，好意の提供をされれば，その好意に報いたいと感じ，注意を喚起された社会的迷惑行為を抑制するという形で好意の返報を行うことが予測される。この予測をもとに，本研究では以下の仮説を検証する。

仮　説　好意の提供をされた人は，提供されなかった人よりも，社会的迷惑行為の抑制意図が高まることで，社会的迷惑行為を抑制する。さらに，その場合，そうした行為を受けている迷惑抑止者においても，社会的迷惑行為が低減したと認知する。

4.2.2　方　　法

実験参加者

愛知県内のN大学の学生198名が実験に参加した。1セッションにつき参加者は3名で，合計66セッションが実施された。そのうち，実験操作が不適切となったセッションは15ケースであった。操作が不適切となったセッションに参加していた者すべてを含めた45名を分析から除外した。上記の45名を除外した153名（男性75名，女性78名）が分析対象となった。

各セッションには全員同性の3名が参加した。そのうちの2名は友人ペアで参加し，迷惑行為者として操作された。残りの1名は，迷惑行為者の2名とは面識がない者であり，迷惑抑止者として操作された。なお，迷惑行為者には会話をすることが求められるため，会話可能な最小人数である2名を迷惑行為者の人数とした。迷惑抑止者には会話することが求められないため，必要最小人数である1名を迷惑抑止者の人数とした。

各セッションの参加者の性別を全員同性に統一した理由は，異性との組み合わせでは自己呈示欲求などの剰余変数が含まれてしまうことが予測されたため

である。たとえば，女性が男性に好意を提供された場合，その親切な男性に対して必要以上に自分を良く見せようと思うかもしれない。そうした余分な変数の影響によって，必要以上に社会的迷惑行為が抑制されることのないよう，各セッションの参加者の性別を同性に統一した。

さらに，実験条件内の男女比は均等になるように割り当てられた。具体的には，好意提供あり条件の中で男性3名が参加した実験が13セッション，女性3名が参加した実験が12セッションであった。好意提供なし条件の中で男性3名が参加した実験が13セッション，女性3名が参加した実験が13セッション行われた。

実験デザイン

好意提供あり条件・好意提供なし条件の1要因参加者間計画である。

手 続 き

髙木・村田（2005）にならい，集中して課題に取り組んでいる者の近くで大きな声で相談して課題に取り組むことが迷惑行為となるように設定した。

最初に，迷惑行為者と迷惑抑止者は互いに別々に誘導され，パーティションで区切られた実験室に誘導された。その後，実験者は一旦パーティションを開け，参加者全員が互いの顔を確認できるようにした。

次に，参加者は実験の概要について説明を受けた。その際，「この実験は，2名で課題に取り組むときと1名で課題に取り組むときとのできぐあいの違いを見る実験です」というカバーストーリーが説明された。さらに，迷惑行為者の2名は話し合ってパズルを解くように求められ，迷惑抑止者となる1名は集中して解くよう求められた。これは，迷惑行為者が大きな声で話し合うことが，集中してパズルを解いている迷惑抑止者にとって迷惑になるようにするためであった。

実験概要の説明後，迷惑行為者と迷惑抑止者は，仕切りを挟んで1回目のクロスワードパズル（5分間）に取り組んだ。終了後，質問紙に回答するよう求められた。このときの指標は，好意提供（独立変数）の効果を検討するためのベースラインとして測定された。

1回目のパズルが終了し，休憩時間が設けられた。この休憩時間内に好意提供の操作が行われた。さらに，迷惑行為者に当該行為が迷惑であることを忠告するため，2回目のパズル開始前に実験者から感想を求められた迷惑抑止者が「音が響く部屋だと思った」と発言した。この発言内容は，「話し声がうるさい」などのストレートな表現を避けつつも，迷惑であるということが伝わる表現になるように考案された[1]。

なお，迷惑抑止者は，実験者から事前に別の実験の趣旨を説明された上で，発言するよう求められていた。このように，迷惑抑止者は真の実験の目的を知らされていない。そのため，迷惑抑止者は実験協力者の役割を演じてはいるが，実験参加者として位置づけられる。また，ここでの別の実験の趣旨とは「同調行動を観察する実験である」というものであった。具体的には，「あなた（＝迷惑抑止者）が何かを発言することで，他の参加者の方（＝迷惑行為者）がつられて何かを発言するようになるかどうかを観察します」というカバーストーリーが説明された。上記の説明を行った実験協力者の報告によると，この別の実験の趣旨に関して疑問を抱いた迷惑抑止者はいなかった。このことから，迷惑抑止者は，先入観を抱くことなく自然に実験協力者としての役割を果たしたと言える。

迷惑抑止者の発言後，1回目と同様に，2回目のパズルへの回答，ならびに終了後の質問紙への回答が求められた。

最後に，謝礼の贈呈とデブリーフィングが行われた。

好意の提供の操作

好意の提供は，Regan（1971）にならい，迷惑抑止者から迷惑行為者への飲

---

[1] ストレートな表現を回避した理由は，第一に，迷惑行為者に過剰に不快感を喚起させてはならないという倫理的な配慮が不可欠であったためである。第二に，迷惑認知者の印象をなるべく一貫性のあるものに保ち，忠告の説得力を維持させる必要があったためである。特に，好意提供あり条件では，迷惑認知者は好意を提供しながらも忠告を行う。このとき，迷惑認知者がストレートに忠告を行うと，迷惑行為者は迷惑認知者の一貫性の欠ける態度に違和感を覚えると考えられる。態度の一貫性の欠ける者には信憑性が欠けることからも（Cialdini, 2001），ストレートな忠告が行われると説得力が失われると推測される。以上の2点の理由を考慮すると，「音が響く部屋だと思った」という発言内容は忠告として妥当であったと言える。

4.2 研究6：二者が実行する社会的迷惑行為場面における物理的な親切行為の効果

み物の提供とした。まず，迷惑抑止者は，パズルの1回目と2回目の間の休憩時間中に「のどが渇いたので飲み物を買いに行きたい」と申し出た。実験者の許可を得て実験室を出た迷惑抑止者は，実験協力者の誘導により別室に案内され，125ml（女性の場合）もしくは250ml（男性の場合）の紙パック飲料を手渡された。好意提供あり条件の迷惑抑止者は，紙パック飲料を3本手渡され，迷惑行為者の2名にもあたかも自分が親切心で買ってきたかのように渡すよう求められた。その際，金銭などで即座に好意を返報されることのないよう，なるべく会話はせずにお礼の言葉だけ受け取るよう求められた。好意提供なし条件の迷惑抑止者は，紙パック飲料を1本のみ渡された。そして，実験が再開するまでそれを飲むなどして待つよう求められた。

なお，迷惑抑止者は，実験者から事前に別の実験の趣旨を説明された上で，好意提供の操作に協力するよう求められていた。別の実験の趣旨としては，ここでも「同調行動を観察する実験である」というものが用いられた。具体的には，飲み物を買いに行きたいという発言に関して，「実験に参加している他の方たちがあなたにつられて同じように実験室を出ていくかどうかを見るためです」というカバーストーリーが説明された。さらに，好意提供あり条件では，迷惑行為者たちの分も飲み物を買ってきて渡すことが迷惑抑止者に求められる。この行動に関しては，「自分の分だけ買ってくるよりも，気を利かせて買ってきた方が自然かと思いましたので」という簡単な説明がなされた。好意提供なし条件では，飲み物を買ってきて飲むことが迷惑抑止者に求められる。この行動は上述の発言内容から自然な行動になるため，特に説明は行われなかった。説明を行った実験者および実験協力者の報告によると，以上の別の実験の趣旨に疑問を抱いた迷惑抑止者はいなかった。以上より，好意提供の操作においても，迷惑抑止者は実験協力者の役割を果たしたと言える。

互恵性の心理の測定

2回目のパズル終了時に，迷惑行為者において喚起された互恵性の心理が測定された。迷惑抑止者の印象を問うものと教示された上で，迷惑行為者において迷惑抑止者に対して喚起された互恵性の心理の程度を測定した。具体的な項目は「親切にしたいと思った」，「恩を感じた」，「お返しをしたいと思った」の

3項目であり,「1．全くあてはまらない」から「6．よくあてはまる」までの6件法で回答を求めた。これら3項目の平均値を互恵性の心理得点とした（α=.82）。得点が高くなるほど互恵性の心理が喚起されやすいことを表す。質問紙には，迷惑抑止者の印象を問うフィラー項目も含まれていた。

従属変数の測定

（1）社会的迷惑行為の変化量（以下，迷惑行為の変化量と略記），（2）社会的迷惑行為の抑制意図の変化量（以下，迷惑抑制意図の変化量と略記），（3）社会的迷惑行為の認知の変化量（以下，迷惑認知の変化量と略記）が従属変数として測定された。いずれも，2回目のパズル時の値から1回目のパズル時の値を減算した値を得点とした。

（1）迷惑行為の変化量　迷惑行為者の実際の声の大きさが変化したかどうかを表す指標である。この指標には，リオン株式会社の普通騒音計NL22で測定されたデシベル値の変化量（1回目のパズル時から2回目のパズル時の変化量）が用いられた。各回のパズル時のデシベル値には，パズル開始直後と終了直前を除く中盤3分間のデータ（10秒毎に測定されたデシベル値の平均値）が使用された。騒音計は，迷惑行為者の机付近に参加者から見えないように置かれた。迷惑行為の変化量は，数値が負の値になれば，大きな声で話すという迷惑行為が抑制されたことを表す。その数値がより小さな値になればなるほど，さらに迷惑行為が抑制されたことを表す。

（2）迷惑抑制意図の変化量　迷惑行為者が自らの声の大きさを抑制しようとした意図が変化したかどうかを表す指標である。各回のパズル終了時に配布された質問紙によって測定された。「声の大きさに注意した」か，「（迷惑抑止者のことを）気遣いながら取り組んだ」かについて，「1．全くあてはまらない」から「6．よくあてはまる」までの6件法で回答を求められた。これらの2項目の平均値の変化量を迷惑抑制意図の変化量の得点とした（α=.80）。得点が高くなるほど，迷惑行為の抑制意図が高まったことを表す。

（3）迷惑認知の変化量　迷惑行為者の声の大きさに対する迷惑抑止者の不快な認知が変化したかどうかを表す指標である。迷惑抑制意図と同様，各回のパズル終了時に配布された質問紙によって測定された。迷惑行為者2人の「声

の大きさが気になった」か,「話し声にイライラすることがあった」か,「話で集中力が切れることがあった」かについて,「１．全くあてはまらない」から「６．よくあてはまる」までの６件法で回答を求められた。これらの３項目の平均値の変化量を迷惑認知の変化量の得点とした（$α=.73$）。得点が低くなるほど,より迷惑だと認知されにくくなったことを表す。

　なお,迷惑抑制意図や迷惑認知の測定が含まれた質問紙は,各回の課題の取り組み方について問うものであると教示された。質問紙には,他にもフィラー項目が含まれた。

4.2.3　結　　果
実験状況の有効性の確認

　本研究の実験状況は,迷惑行為者の視点からは社会的迷惑行為として認識されていたことが以下の指標から示唆される。その指標は,"迷惑行為者が推測した迷惑認知"という指標である。迷惑行為者に"迷惑抑止者がどれだけ話し声を迷惑だと感じていると思うか"をたずねる指標である。本研究では,この指標を補足的に測定している。この指標は迷惑認知と同様の３項目からなる。ただし,迷惑行為者が回答できるように表現が若干修正されている。回答は「１．全くあてはまらない」から「６．よくあてはまる」までの６件法で求められた。１回目のパズル時における迷惑行為者が推測した迷惑認知として３項目の評定尺度値の平均を算出したところ,4.04（$SD=1.04$）であった。この数値は,理論的中点である3.5よりも有意に高かった（$t(101)=5.26, p<.01$）。この結果から,迷惑行為者の多くは迷惑抑止者が迷惑だと思っているだろうと思っていたことがわかる。したがって,本研究の実験状況は少なくとも迷惑行為者の視点からは社会的迷惑行為場面として有効であったと言える。

　ただし,迷惑抑止者の視点に関する他の指標を考慮すると,本実験状況が社会的迷惑行為として完全であったかどうかは断定できない。１回目のパズル時において,迷惑行為者の実際の声の大きさの平均値は44.62 dB（$SD=4.82$）であった。45 dB以下は環境基準値以下であり,非常に不快であると感じる人は少ない（中野, 2010）。さらに,１回目のパズル時において,迷惑行為者の声の大きさに対する迷惑抑止者の不快な認知の平均値は2.82（$SD=1.14$）であった。

この指標は4以上になると迷惑だと認知されたことを表す。これらの2つの指標から、迷惑行為者の話し声が実際にはそれほど迷惑ではなかったことが示唆される。以上より、実験場面の有効性は客観的な指標では保証されていないが、迷惑行為者の主観的な認知では確認された。本実験場面の有効性は、部分的に確認されたと言えるだろう。

忠告の有効性の確認

「音が響く部屋だと思った」という発言内容が忠告として有効であったかどうかを確認した。具体的には、上記の発言を受けて、迷惑行為者が1回目よりも2回目のパズル時に声を小さくしようと意図し、実際に行動に移したかどうかを確認した。その結果、発言の後の方が（M=4.06, SD=1.42）、前よりも（M=3.34, SD=1.35）迷惑抑制意図の得点が高くなったことが示された（t(101)=5.02, p<.01, d=0.52）。迷惑行為に関しても、発言の後の方が（M=43.59, SD=4.62）、前よりも（M=44.62, SD=4.82）低くなったことが示された（t(50)=2.15, p<.05, d=0.22）[2]。以上より、上述の発言内容は忠告として有効に作用したと言える。

好意提供の操作確認

好意提供あり条件では（M=4.05, SD=1.28）、なし条件（M=2.48, SD=1.08）よりも迷惑行為者の互恵性の心理の得点が高いことが示された（t(99)=6.71, p<.01, d=1.34）。飲み物を受け取ることによって受け手に強く互恵性の心理が喚起されたことから、好意提供の操作は有効であったと言える。

仮説の検証

好意を提供された人は、提供されなかった人よりも社会的迷惑行為を主観的にも客観的にも抑制するかどうかを検証するため、三つの従属変数（迷惑行為の変化量、迷惑抑制意図の変化量、迷惑認知の変化量）について好意提供あり

2）加えて、多くの迷惑行為者は、迷惑抑止者の発言の後、「ごめんなさい」と謝罪したり、迷惑行為者どうしで顔を見合わせて苦笑いしたりと、申し訳なさそうにしていた。

4.2 研究6：二者が実行する社会的迷惑行為場面における物理的な親切行為の効果

Table 4.1　実験条件ごとの各指標の平均値および標準偏差 (括弧内：標準偏差)

	好意提供	
	あり	なし
迷惑行為の変化量（dB）	-1.12　(4.22)	-0.96　(2.56)
迷惑抑制意図の変化量	0.88　(1.62)	0.57　(1.26)
迷惑認知の変化量	-0.01　(1.18)	0.28　(0.92)

条件と好意提供なし条件との間でt検定を行った。その結果，いずれの従属変数においても条件間で有意な差はみられなかった（ts=0.17, 1.08, 1.00, ns, ds=.05, .22, .28）。分析の結果から，仮説は支持されなかった。Table 4.1に各条件における平均値と標準偏差を記す。

　ここで，飲み物の提供という好意の提供方略では，社会的迷惑行為の抑制を動機づけるほどの強い互恵性の心理が喚起されなかったという人々が存在したかもしれない。つまり，好意提供の操作の効果が適切に発揮されなかった人々が多数存在したために仮説が支持されなかった可能性が考えられる。好意の提供の操作が適切に発揮された人々の間で仮説が支持されれば，部分的にではあるが，仮説を検証できたと言えるだろう。上記の可能性を検証するため，好意が提供されたときに互恵性の心理の喚起度が高い人は，喚起度の低い人々や好意を提供されなかった人よりも，迷惑抑制意図が高まるという予測を検証する。

互恵性の心理の喚起の程度を考慮した仮説の検証

　分析に先立ち，好意提供あり条件の中で互恵性の心理の喚起の得点が平均値（4.05）以上であった迷惑行為者を好意提供あり・互恵性の心理高群とし，平均値以下であった迷惑行為者を好意提供あり・互恵性の心理低群とした。そして，好意提供あり・互恵性の心理高群（N=28），好意提供あり・互恵性の心理低群（N=22），好意提供なし群（N=52）の3水準を独立変数，迷惑抑制意図の変化量を従属変数とした分散分析を行った。その結果，条件間で迷惑抑制意図の変化量の有意な差が認められた（$F(2, 99)$=5.62, p<.01, η^2=.10; Table 4.2）。TukeyのHSD検定の結果，好意提供あり・互恵性の心理高群は，その他の2群に比べ，有意に迷惑抑制意図が高まったことが示された（ps<.05）。

Table 4.2　3つの条件ごとの迷惑抑制意図の変化量の平均値および標準偏差（括弧内：標準偏差）

	好意提供あり・互恵性の心理高群	好意提供あり・互恵性の心理低群	好意提供なし群
迷惑抑制意図	1.43（1.50）	0.18（1.54）	0.57（1.26）

好意提供あり・互恵性の心理低群と好意提供なし群との間には有意な差が認められなかった。分析の結果から，予測は支持された。

4.2.4　考　察

　社会的迷惑行為に対して忠告するとともに，飲み物によって好意を提供すること自体が，そうした行為を抑制することはなかった。ただし，好意の提供によって互恵性の心理が強く喚起された人は，社会的迷惑行為を抑制するよう動機づけられたことが示された。すなわち，好意の提供が本来の効果を適切に発揮させて互恵性の心理を喚起させた場合には，社会的迷惑行為を抑制させることが示された。好意の提供の操作が発揮された場合には仮説が支持されたことから，上記の結果は仮説を部分的に支持したと言える。

　上記の結果は，ある一定の基準で互恵性の心理が高く喚起された者においてのみ向社会的な行動が促進されることを表している。好意の提供によって誰でも自動的に互恵性の心理が喚起され，向社会的な行動が促進されるのではない。しかしながら，先行研究ではこのような影響過程は想定されていない。先行研究では，好意を提供されると，どんな個人でもほぼ自動的に互恵性の心理が喚起され，向社会的行動が促進されるという考えが主流であった（e.g., Cialdini, 2001; Gouldner, 1960; Regan, 1971）。

　それでは，本研究の結果と一連の先行研究の結果にはなぜこのような相違がみられるのだろうか。特に，先行研究と同様に飲み物を提供するという好意の提供方略を用いたにもかかわらず，なぜ本研究の実験場面では先行研究と一貫した結果が得られなかったのだろうか。ここでは2つの可能性について考察する。

　第1の可能性として，社会的迷惑行為を抑制することに関する行動変容の困難さが影響していたことが挙げられる。社会的迷惑行為を抑制するためには，

ネガティブな行動にコミットメントしている状態から，よりポジティブな方向への行動の変容を必要とする。そのためには，一貫性を保ちたいという動機づけに対して変化が求められる。したがって，ネガティブな状態からの行動変容は，何も行動していない状態からの行動変容に比べ，より困難であると言える（Festinger, 1957）。本研究のようにネガティブな行動をポジティブに変容させる場合には，ニュートラルな状態からポジティブな向社会的行動へと行動を変容させる場合（e.g., Garner, 2005; Regan, 1971）に比べ，好意の提供の効果が得られにくいものであったと考えられる。以上の行動変容の困難さの違いから，本研究では先行研究と一貫した結果が得られなかったことが推測される。

第 2 の可能性としては，互恵性の心理に関する文化的背景が影響していることが挙げられる。自己と他者を大きく区別しない相互依存的な文化的自己観を持つ東洋人は，互恵性の心理に対して特に敏感になりやすい。その過敏さゆえに，東洋人は見知らぬ他者からのプレゼントを拒否したり，受け取ったとしてもお返しする義務があると考えたりする（Shen et al., 2011）。このことから，以下のように考えられる。本実験の参加者であった日本人大学生も互恵性の心理に敏感であった。そのために，友人との会話を最小限に抑えるというコストを払ってまで受け取った飲み物に対してお返しをするべきなのかを熟慮した。友人との会話をより重視した迷惑行為者においては，迷惑抑止者からの好意の提供を拒絶し，返報行動も行わなかった。反対に，迷惑抑止者からの好意の提供をより重視した迷惑行為者においては，それを拒絶することなく返報するように動機づけられた。つまり，本実験の参加者は，東洋人の文化的背景から互恵性の心理にきわめて敏感であるために，迷惑抑止者からの好意を受け取るか否かを慎重に考えた結果，そこで下した判断に従った可能性がある。一方で，先行研究で好意の提供の効果を扱ったものはすべて西洋人を対象としている。西洋人を対象とした先行研究では，好意の提供に対して適度に敏感な者が多く，好意に対する返報を動機づけられやすかったのかもしれない。以上より，互恵性の心理の文化差によって本研究の結果が先行研究の結果と一致しなかったことが推測される。

以上の 2 点を踏まえると，本結果は好意の提供について新たな視座を提供するものと言える。すなわち，好意の提供の影響を検討する際には，行為の種類

(e.g., 向社会的行動と社会的迷惑行為）や文脈（e.g., 欧米と日本）を考慮するべきである。

本研究の限界と今後の展望

　本研究の限界の第１点目としては，実験状況や条件操作が完全ではなかったという点が挙げられる。

　まず，実験状況についてである。社会的迷惑行為を抑制するために最も当該行為を認識するべきであった迷惑行為者の視点からは，本実験状況は社会的迷惑行為として成立していた。このことは，本研究の目的を達成する上では重要であったといえる。本研究の主たる目的は，迷惑行為者が社会的迷惑行為を抑制したかどうかを検証することであった。この目的に関する結果が妥当であったかどうかを表すためには，彼らが社会的迷惑行為について認識していた上で抑制を試みたことを担保する必要がある。迷惑行為者の視点から社会的迷惑行為の実験場面の妥当性が確認されたことは，本研究の主たる目的を達成するための必要最低限のレベルでは場面の有効性が保証されたことを表す点で重要だろう。ところが，迷惑抑止者の視点からは迷惑だと認識されていなかった。倫理的問題に鑑みれば，本実験状況が抑止者の視点からは迷惑だと認知されにくかったことは適切であったと言える。迷惑行為者の話し声が実際に迷惑であれば迷惑抑止者に不快な思いをさせることになり，倫理的に問題であったと考えられるためである。言い換えれば，本実験状況では倫理的な問題から迷惑抑止者に過度に迷惑だと認知させることはできなかった。それでも依然として問題は残る。迷惑抑止者が当該行為を迷惑だと認知していなかったことは，社会的迷惑行為の定義や実際の社会的迷惑行為場面とは一致しない。この問題を解決するため，迷惑抑止者の視点からも社会的迷惑行為として認識される場面を扱うことが必要不可欠である。実験場面の見直しや，実際の社会的迷惑行為を扱うフィールド実験を行うことが求められる。

　次に，好意提供の条件操作についてである。本実験はRegan（1971）の実験方法にもとづいている。欧米人を対象とした研究では，この実験方法は比較的近年でも広く用いられている（e.g., Goei et al., 2007）。ところが，本実験では，条件操作が不適切と判断されたセッション数が66セッション中15セッション

であり（約22.7％），やや多かった。そのうちの6セッションは，好意を提供した迷惑抑止者のことを実験協力者ではないかと迷惑行為者が疑ったために除外された。好意提供あり条件の31セッション中6セッション（約19.4％）で条件操作の真の意図が推察されたのである[3]。

　本研究で参加者が好意提供の操作に関する真の目的を探ろうとした背景には，ここでも互恵性の心理の文化差が関係しているだろう。Shen et al.（2011）の知見より，以下のことが推測される。本実験の参加者は互恵性の心理に敏感で，飲み物に対してお返しをするべきなのかについて慎重に検討した。その結果，多くの参加者は実験状況を注意深く観察し，送り手の自発的な意図で飲み物が渡されたかどうかに疑念を抱いた。以上より，本実験の参加者は文化的背景から好意提供の操作に疑念を抱きやすかったと考えられる。こうした文化的背景による影響を考慮し，日本人の大学生を対象として好意提供の操作を行う際には，なるべく送り手の自発性が感じられる自然な操作を開発し，実施することが求められる。そして，その方法を用いて社会的迷惑行為の抑止効果を検討することがさらなる課題である。

　第2点目に，本結果が実験室という限定的な状況で得られた結果であったことが挙げられる。今後は，実際のフィールドで応用可能な好意の提供による社会的迷惑行為の抑止方法，および，その効果を検討することが課題である。これまでの知見を活かせば，感謝メッセージの提示（第2章，第3章）という好意の提供によって社会的迷惑行為を抑止することが可能である。本研究の知見を活かすならば，感謝メッセージを注視する者に対しては感謝メッセージを提示し，感謝メッセージを注視しない者に対しては直接的に好意を提供すれば良いだろう。今後は後者の方法についてさらなる検討が求められる。

　さらに，本研究の限定的な実験場面を超えて，日常場面で応用可能な場面での検討も課題である。特に，迷惑行為者と迷惑抑止者の他に第三者が存在するような場面を検討できれば，より複雑な好意の提供の影響過程を実証できるだろう。

3）残りの9セッションの内訳は，(a) 実験者が手続きを確立できていなかった4セッション，(b) 参加者が想定外の行動を取った4セッション，(c) 迷惑行為者が迷惑認知者と面識のあることが判明した1セッションであった。

第3点目は，迷惑行為および迷惑認知において，好意提供の効果が得られなかったことである。迷惑抑制意図に関しては互恵性の心理を強く喚起した者において効果が得られた。しかし，好意の提供によって社会的迷惑行為そのものが低減されることはなかった。このことには，当該行為が友人と2人で協力して抑制しなければならない行為であったことが影響していると考えられる。この場合，ペアとなる相手の規範や行動によって個人の規範や行動も変化してくる。個人の意図のみで抑制できる社会的迷惑行為であれば，抑制意図の効果が実際の行動変容へとつながったかもしれない。今後は，個人で実行と抑制が可能な社会的迷惑行為を対象として検討することが課題である。

4.3 研究7：無形の親切行為が社会的迷惑行為に及ぼす影響過程の検討

4.3.1 目　的

研究7では，研究6の実験方法における問題を改善し，同様の枠組みを検討することを目的とする。つまり，社会的迷惑行為の実行者に対して好意を提供することで（親切にすることで），迷惑行為者にはその好意に返報したいという互恵性の心理が喚起され，社会的迷惑行為が抑止されるかどうかを検証する。

研究7で修正を加えた点は以下の3点である。1点目は，互恵性の心理を喚起させる手段である。研究6では，先行研究に基づき，飲み物をおごるという互恵性の心理の喚起手段を使用した。ところが，この操作が実験の真の目的に関する操作であったのではないかと気づく実験参加者が多く，操作として適切に機能しないことが多かった。先行研究で対象となった欧米人とは異なり，研究6で対象となった日本人学生にとって，見知らぬ他者からの突然の贈り物は珍しく，疑わしいものとなったのだろう。互恵性の心理が強く喚起されないとその効果が発揮されないという結果が得られたことからも，この方法が適切に機能していないことが多かったと考えられる。分析では実験の真の目的に気づいた者は除外したが，うすうす気づいてはいたものの積極的に「気づいた」と言わない者もデータに含まれていた可能性がある。そこで，本研究では，何かをプレゼントするという有形の親切行為ではなく，より実験の真の目的を悟られにくい自然な親切行為と考えられるものとして，自分を犠牲にして相手のた

4.3 研究7：無形の親切行為が社会的迷惑行為に及ぼす影響過程の検討

めに何かをしてあげるという無形の親切行為を扱う。

研究7における修正箇所の2点目は，対象となる社会的迷惑行為についてである。研究6では，二者間で行われる社会的迷惑行為に対してアプローチした。この場合，二人ともが好意の提供に対してありがたいと思い，社会的迷惑行為を抑制することで返報できるのだということに気づく必要がある。一人が気づいていても，もう一人が気づかなければ社会的迷惑行為が抑制されない。そのため，比較的抑制させることが困難な社会的迷惑行為であったと言える。研究7では，一人で実行する社会的迷惑行為を扱い，互恵性の喚起の効果が直接的に発揮されるように修正を加える。

3点目は，研究6で行われた迷惑抑止者による忠告についてである。社会的迷惑行為を行う者に対して，飲み物を与えるなどの好意を提供するだけでは，その行為が容認されているという印象を迷惑行為者に与えかねないため，忠告を行った。Regan（1971）やGoldstein et al.（2007）においても，好意を提供する際に，ある行動規範に従うように要請している。好意の提供によって社会的迷惑行為を抑止する際にも，そうした悪質な行動を取るべきではないという規範を明示することが必要とされる。研究7では，この忠告というものを操作として扱い，「命令的規範への焦点化」として要因計画に組み込む。

以上の修正を加えた上で，研究7では，以下の予測を検討する実験室実験を行った。その予測は，社会的迷惑行為を行っている者でも，当該行為を非とする命令的規範へと焦点化されるとともに相手に親切にされれば，その好意に報いたいと感じ，焦点化された行動規範に従う形で，すなわち，社会的迷惑行為を抑制するという形で，好意の返報を行うだろうというものである。

なお，研究7のデータは，学会で発表されたのみで，学術雑誌への投稿を今後予定している。そのため，学会で発表された内容に基づいて記し，詳細な内容については割愛する。

4.3.2 方　法

実験参加者

実験参加者は，愛知県内のN大学の学生38名（男性17名，女性21名）であった。参加者は，男女とも各条件にほぼ均等な人数で分けられた。

実験デザイン

　実験デザインは，好意提供（ありvs.なし）×命令的規範への焦点化（ありvs.なし）の2要因参加者間計画であった。

手続き

　参加者が自己利益を第一に考慮して急いで課題に取り組めば，他の実験参加者に騒音を聞かせてしまうという社会的迷惑行為場面を設定した。まず，参加者は，サクラとして参加している実験協力者と2人1組で実験室での絵合わせ課題に取り組むよう求められた。この絵合わせ課題は熟慮して解けば誤答せずに済む課題である。また，参加者が間違えると，他の参加者（協力者）のヘッドホンでビープ音が鳴ってしまうと説明した（が，実際には音は鳴らない）。そのような状況で，参加者には，間違えても良いので速く解けば，追加の謝礼を得ることができるということが説明された。つまり，参加者が追加の謝礼を狙って急いで課題を解いてしまうと誤りやすくなり，頻繁にビープ音を鳴らしてしまうという社会的迷惑行為を行うことになる。なお，協力者のヘッドホンからビープ音が鳴ることに関しては，協力者が他者のパフォーマンスの進行度がわかる条件に振り分けられ，参加者は統制条件に振り分けられたと説明された。参加者は，このような状況で絵合わせ課題に2回取り組むよう求められた。

　2回目の絵合わせ課題の前に好意の提供の操作と命令的規範への焦点化が行われた。課題終了後には，質問紙上で，好意の提供および命令的規範への焦点化の操作確認の項目，互恵性の心理を測定する項目，社会的迷惑行為の抑制意図を測定する項目への回答を求められた。本書では，これらの項目の詳細や，分析結果については割愛するが，操作は適切であったことが確認されている。好意提供あり条件では，なし条件よりも，協力者が親切心で面倒な課題を選んでくれたことを認識し，相手に親切にしたいといった互恵性の心理が喚起されたことが確認された。また，命令的規範への焦点化あり条件では，なし条件よりも，協力者がビープ音を不快に感じていることを認識していたことが確認された。質問紙を回収した後，デブリーフィングと謝礼の贈呈が行われた。

好意の提供の操作

2回目の絵合わせ課題を開始する前に休憩時間を設けた。その間，（実際には実施されない）第2課題の割り振りが行われた。このとき，2種類の第2課題のうち，協力者が退屈で面倒な課題を自主的に引き受けることで好意の提供が操作された。

命令的規範への焦点化の操作

2回目の絵合わせ課題の開始前に協力者が「ブブーという音が気になる」という感想を述べた。このことで，課題を慎重に解かないことが迷惑であるという命令的規範への焦点化が操作された。

社会的迷惑行為の測定

課題の誤反応数および平均反応時間の変化量で測定された。この変化量とは，独立変数の操作後の2回目の課題時の値から操作前の1回目の課題時の値を減算した値である。

■ 4.3.3 結　果
好意提供と規範への焦点化が社会的迷惑行為に及ぼす影響

好意提供と命令的規範への焦点化を独立変数，社会的迷惑行為を従属変数とした2要因分散分析を行った。その結果，課題の誤反応数および平均反応時間に交互作用傾向が見られた（$F(1, 34)=4.02, p<.10, \eta^2=.10; F(1, 34)=3.20, p<.10, \eta^2=.08$）。単純主効果の検定の結果，好意が提供されたときには，命令的規範への焦点化が行われたほうが，行われなかったときよりも誤反応が減少することが示された（$F(1, 34)=6.45, p<.05$）。また，命令的規範への焦点化が行われないときには，好意が提供されたときの方が，提供されなかったときよりも誤反応が増加することが示された（$F(1, 34)=5.56, p<.05$）。さらに，好意が提供されたときには，命令的規範への焦点化が行われたときの方が，行われないときよりも反応時間が遅くなることが示された（$F(1, 34)=6.53, p<.05$）。各条件における誤反応数と反応時間の変化量の平均値をFigure 4.1に記す。

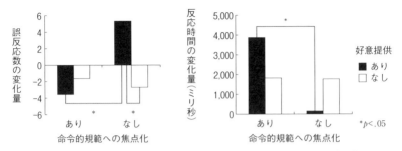

Figure 4.1 社会的迷惑行為における好意提供と命令的規範への焦点化の交互作用

4.3.4 考　察

　研究7では，互恵性の心理を喚起させる方法として，面倒な課題を引き受けてあげるという無形の親切行為に焦点を当て，その迷惑抑止効果を検討した。その結果，そうした方法は，社会的迷惑行為を非とする命令的規範への焦点化とともに行われることで，社会的迷惑行為を抑止する効果を持った。このことは予測と一致する。ただし，その効果は命令的規範への焦点化のみの効果を凌ぐほどのものではなく，さらには，命令的規範への焦点化も好意の提供もないニュートラルな状態と比べても，際立った効果ではなかった。

　無形の親切行為によって社会的迷惑行為が抑止される効果は弱かったものの，この方法によって，相手に気を遣わなければならないという義務感からではなく，相手に親切にしたいという自発的な意思から社会的迷惑行為が抑止されたことが明らかとなった。このことは，この方法が長期的に社会的迷惑行為を抑止し，向社会的行動を促進する可能性を示唆している。

4.4　まとめ

　第4章を通して，感謝メッセージを通してではなくても，飲み物をおごるという先行研究で使用されていた物理的な親切行為による互恵性の心理の喚起方法や，実験参加者に代わって退屈で面倒な課題を引き受けてあげるという無形の親切行為による互恵性の心理の喚起方法であっても，社会的迷惑行為が抑止されることが示唆された。ただし，そうした親切行為のみではむしろ社会的迷

惑行為が助長されてしまう。そのため，感謝メッセージと同様に，親切行為に加えて，当該行為を非とする命令的規範を示す必要がある。先行研究においても，親切行為によって受け手の向社会的行動を促進するには，この行動を取るべきという行動規範が示される必要があった。以上のことを踏まえると，互恵性の心理を喚起させる方法は，感謝メッセージを通してであっても，親切行為を通してであっても，向社会的行動を促進する場合と同様に，共通の影響プロセスで社会的迷惑行為を抑止することが示唆された。

　また，親切行為を通した互恵性の心理の喚起による社会的迷惑行為の抑止効果は，やや弱いことも示された。研究6では，互恵性の心理が喚起されやすい個人においてのみ効果的であるというデータが得られた。研究6の方法論的問題点を改善した研究7においても，命令的規範への焦点化の効果をしのぐほどのものではないことが明らかとなった。このような結果は，互恵性の心理の向社会的行動の促進効果が強いことを表す先行研究とは異なるものと言える (e.g., Regan, 1971)。このような結果が得られた背景としては，研究6で考察されたように，向社会的行動における互恵性の心理の効果を検討した先行研究とは異なり，本研究では，行動変容が困難な社会的迷惑行為を扱ったことなどが考えられる。

5

総括的討論

5.1 本章の目的

人間は社会的な生き物であるはずだが，ときに自身の欲求を第一に考え，社会的迷惑行為を実行してしまう。本書では，そうした社会的迷惑行為を抑止する際に，人々の根幹にある社会的な側面の「互恵性」の心理を利用することを提案した。そして，互恵性の心理を利用した社会的迷惑行為の抑止方法が効果的になるときの条件や手段，影響プロセスを明らかにするための実証研究を行った。

本章では，本書で紹介した実証研究の理論的背景と成果をまとめ，考察し，その意義を探る。加えて，本書の研究の課題と今後の展望を述べる。これらのことを通して，互恵性の心理を通した社会的迷惑行為の抑止方法が，幅広い学問分野と現実社会で活用されるための視座を提供する。

5.2 本書で得られた知見とその意義

第1章では，まず，社会的迷惑行為の抑止に関する先行研究をまとめた。特定の人しか実害を被らない上に時代の流れで問題視されては消えていく社会的迷惑行為に対し，抑止策を取ること自体を疑問視するような先行研究もある。そうした先行研究に対し，（1）迷惑認知者，（2）迷惑行為者，（3）社会全体の3つの視点から利益になることを根拠として，比較的軽微な逸脱行為であっても，抑止策を取ることで得られる意義は大きいと考察した。次に，社会的迷惑行為の具体的な抑止方法として罰と報酬に着目し，それぞれにおけるメリットとデメリットをまとめた。その上で，報酬の一形態である「互恵性の心理を喚起させること」を新たな方法として提案した。この方法では，社会的迷惑行為を抑制したことのインセンティブとして報酬を与えるのではなく，迷惑行為者が行うであろう将来の向社会的行動に対して報酬を与える。そのように好意的に自身の行動の変容を求められると，迷惑行為者には"良いことには良いことでお返しをしたい"という互恵性の心理が喚起される（Gouldner, 1960）。この心理にもとづき，迷惑行為者は前述の好意的な態度に対してお返しをしたいと考えるようになり，社会的迷惑行為を抑制するように動機づけら

れるのである。互恵性の心理によって生起する自発的な返報意図は，罰や報酬よりも長期的に社会的迷惑行為を抑制させる効果を持ちうる。このような利点を考慮し，互恵性の心理にもとづく社会的迷惑行為の抑止方法について多面的に実証することを本書の目的とした。以下では，この目的にもとづいて得られた各章の知見と，そこから得られる意義について述べる。

5.2.1 感謝メッセージが社会的迷惑行為に及ぼす影響

第2章では，第1章で提唱された互恵性の心理にもとづく社会的迷惑行為の抑止方法のうち，感謝メッセージを提示することの効果を検証した。特に，感謝メッセージの効果が周囲の他者の行動（記述的規範）によって変動する可能性を検討した。2つの質問紙実験の結果，「ゴミを分別していただきありがとうございます」などの感謝メッセージは，罰よりもはるかに強制力の弱い「ゴミを分別しましょう」などのメッセージ（行動促進メッセージ）と比べても，ポジティブな印象を与え，互恵性の心理を喚起させて受け手の社会的迷惑行為（ゴミを分別しないという行為）を抑制するよう動機づけることが示された。上記の結果は，社会的に望ましく見られたいという実験参加者の願望の影響を排除しても見られた。ただし，フィールド実験の結果では，記述的規範の強い影響力によって感謝メッセージの効果が得られず，今後の研究に向けた課題が議論された。

第3章では，第2章で検討した感謝メッセージの効果についてさらなる検討を加えた。具体的には，メッセージの送り手である迷惑抑止者によって統制困難な記述的規範という要因に替えて，より統制可能な要因である「迷惑抑止者の情報を提示すること」が感謝メッセージの効果を高める可能性を検討した。質問紙実験の結果，「きれいに駐輪していただきありがとうございます」という感謝メッセージに迷惑抑止者の管理行動に関する情報（たとえば，駐輪場を常に管理しているなどの情報）が付加されると，「きれいに駐輪してください」という命令形のメッセージに比べて，迷惑抑止者に対する信憑性が高まって互恵性の心理が喚起されやすくなり，社会的迷惑行為が抑止される（整列駐輪が促進される）ことが示された。このことから，感謝メッセージの効果を低減する恐れのある記述的規範に代わって，迷惑抑止者の情報提示が有用であること

が示唆された。また，その抑止過程は，第2章の結果と同様に，メッセージの受け手の互恵性の心理の喚起を通したものであることも明らかとなった。さらに，上記以外の影響過程（例：感謝メッセージから行動を制限される印象を受け，心理的リアクタンスの影響で社会的迷惑行為が助長される）は成立しないという結果も得られた。

第2章と第3章で得られた知見を整理すると，互恵性の心理を通した社会的迷惑行為の抑止方法の一つとして，感謝メッセージが有効であることが明らかとなった。感謝メッセージの効果は限定的ではあるものの，周囲の他者が社会的迷惑行為をしていない，メッセージの送り手である迷惑抑止者が管理行動に従事しているなどの一定の条件がそろえば効果的であることも明らかとなった。また，そのとき，感謝メッセージは確かに互恵性の心理を喚起させて効果を発揮させていた。

5.2.2 親切行為が社会的迷惑行為に及ぼす影響

第4章では，第2章と第3章で検討された感謝メッセージとは異なる互恵性の心理の喚起手段を用いても，社会的迷惑行為の抑止効果が同様に得られるかどうかを検討した。具体的には，飲み物をおごることや，面倒な課題を代わりにやってあげることを通して好意を提供し，互恵性の心理を喚起させる手段を用いた。2つの実験室実験の結果，上述した対面での親切行為という手段であっても，互恵性の心理が喚起されて社会的迷惑行為が抑止されることが示された。ただし，その効果が発揮されるには，その行為を改めるべきだという命令的規範を迷惑抑止者が示すこと（命令的規範への焦点化）が条件として必要であった。この結果は，文中に好意の提供と命令的規範への焦点化を含んでいる感謝メッセージが社会的迷惑行為を抑止するという第2章と第3章の知見とも一致する。さらに，個人差要因の影響として，互恵性の心理を感じやすい迷惑行為者には，より明確に社会的迷惑行為の抑止効果が得られた。

5.2.3 本書で得られた知見のまとめ

本書の第2章から第4章にかけて記された実証研究の知見は以下の2点にまとめられる。第一に，感謝メッセージであっても対面での親切行為であっても，

互恵性の心理が喚起されれば，迷惑行為者は社会的迷惑行為を自発的に抑制しようとする。互恵性の心理にもとづいた社会的迷惑行為の抑止方法の効果が複数のアプローチにおいて同様に示されたことから，当該方法の効果が頑健である可能性が示唆された。第二に，互恵性の心理の効果は常に発揮されるわけではなく，一定の条件が必要である。たとえば，周囲の人々が社会的迷惑行為をしていないこと，好意の送り手である迷惑抑止者の情報が明確であることなどである。これらの条件を満たしていれば，互恵性の心理にもとづく社会的迷惑行為の抑止方法の効果を維持することが可能となる。

5.2.4 本書の意義

本節では，本書の実証研究で得られた知見をもとに，本書の意義について，（1）学術的意義と（2）社会的意義に着目しながら述べていく。学術的意義においては，①互恵性の心理に関する意義，②感謝メッセージに関する意義の2点からまとめ，社会的意義においては，本書全体の意義としてまとめる。

（1）学術的意義

互恵性の心理に関する学術的意義　互恵性の心理に関する学術的意義は，以下の2点である。第一に，互恵性の心理という社会科学において広く用いられている概念を社会的迷惑行為の抑止という新たな分野に応用し，その抑止効果だけでなく心理的効果についても考慮している点が挙げられる。互恵性の心理は，社会学（e.g., Gouldner, 1960），生物学（e.g., Nowak & Roch, 2006），経済学（e.g., Fehr & Gächter, 2000），心理学（e.g., Cialdini, 2001; Regan, 1971）など，多くの領域で人々や生物の行動を説明する際に用いられる重要な原理である。本書では，互恵性の心理という多くの学問領域に共通する説明原理を社会的迷惑行為の抑止にも応用できることを新たに示している。特に，互恵性の心理を通した相互作用が，迷惑行為者と迷惑抑止者との間の関係性を良好に保った状態で，双方が不快感を喚起されることなく社会的に望ましい規範を醸成していくプロセスを検討している点は，独創的な点と言える。このような視点は，罰や制裁によって社会秩序を維持することを目指す経済学的視点（e.g., Axelrod, 1984; Eek et al., 2002; Gintis, 2000; Mulder, 2008; Mulder et al., 2009）に一石を投じるものである。

　第二の意義は，これまで向社会的行動の促進効果のみに着目されてきた互恵性の心理が，社会的迷惑行為の抑制効果をも持つことと，その効果を持つためには条件が必要であることを明らかにした点である。心理学においては，互恵性の心理が，ニュートラルな状態から向社会的行動を促進することが頑健に実証されてきた (e.g., Garner, 2005; Regan, 1971)。本書の研究では，これに対し，互恵性の心理が，より行動変容が困難と考えられるネガティブな状態から向社会的な方向に行動を変容させることが可能であることを検討し，限定的ではあるが，その効果を実証することができた。互恵性の心理を社会的迷惑行為の抑止という新たな種類の行動変容に応用できたことが本書の研究の意義である。さらに，互恵性の心理によって社会的迷惑行為を抑止するには一定の条件が必要であることを明らかにした点も本書の意義として挙げられる。親切行為などを通して好意を提供されると，人々は，いかなる状況においても，無意識のうちにでも，互恵性の心理を遵守して好意の返報を行うことが仮定されていた。社会の中で排除されず，社会秩序を維持するために，互恵性の心理を遵守することが強く求められてきたためである (Cialdini, 2001)。これに対し，本書の研究では，好意を提供されればいかなる状況においても互恵性の心理が喚起されるのではないことが示された。周囲の他者が社会的迷惑行為を実行していないとき，好意の返報先が明確で送り手に一定の信憑性があるとき，互恵性の心理が喚起されやすい個人において，などの条件が必要であることが明らかになった。先行研究で互恵性の心理の効果が検討されてきた向社会的行動とは異なり，本書でその効果を検討した社会的迷惑行為は，より行動変容が困難であったことが要因であったかもしれない。あるいは，向社会的行動においても，本書の研究で得られた成果と同様に，互恵性の心理が喚起されるには条件が必要であるが，その条件が見えないうちに満たされているだけかもしれない。この点については今後のさらなる検討が求められるが，本書では，そうした点を明らかにしたことに意味があったと言える。

　感謝メッセージに関する学術的意義　感謝メッセージに関する本書の意義は以下の3点のとおりである。第1点目の意義としては，感謝（gratitude）の研究における感謝される者の効用の知見を提供したことが挙げられる。感謝

の研究においては,感謝をする者の効用が検証されることが多かった(e.g., Bartlett & DeSteno, 2006; McCullough, Emmons, Tsang, 2002; Raggio & Folse, 2009)。たとえば,McCullough et al. (2002) は,感謝をしやすい人はポジティブ感情を持ちやすく,精神的に健康で,向社会的行動を行いやすい傾向があることを示している。しかし,感謝は,する者にもされる者にもさまざまな効用をもたらすことが示唆されている(McCullough, Kilpatrick, Emmons, & Larson, 2001; McCullough, Kimeldorf, & Cohen, 2008)。実際,感謝をされる者の効用も示されている。たとえば,HIV患者がボランティアの人々に感謝をすることでボランティアの組織風土が向上する(Bennett, Ross, & Sunderland, 1996)。他にも,レストランにおいて店員が伝票の裏に"Thank you."と書くことで客のチップが増加することが示されている(Rind & Bordia, 1995)。さらに,感謝をされることによって自分の社会的価値が高められ,向社会的行動が促進されるという感謝の影響過程も実証されるようになった(Grant & Gino, 2010)。このような近年の感謝の研究の流れをふまえると,感謝をされる者の効用やその影響過程について実証することの必要性が高まってきていると言える。本研究は,感謝メッセージを通して感謝をされることによる社会的迷惑行為の抑制効果とその影響過程を実証した。この点において,感謝の研究に学術的な貢献を果たしたと言える。

　第2点目の意義は,感謝メッセージを通した感謝の表明が社会的迷惑行為に及ぼす影響過程は,Grant & Gino (2010) の先行研究における感謝の影響過程とは異なる独特のものであることを示した点である。具体的には,感謝の表明が社会的迷惑行為に影響を及ぼす過程には,Grant & Gino (2010) で示されたように社会的価値が媒介しているのではなく,互恵性の心理が媒介していることが示された。この違いは,感謝を表明する時点の違いに起因すると考えられる。感謝を表明する時点が相手からのポジティブな行動を受け取る前か後かという点で異なるということである。先行研究では,相手からの向社会的行動を受け取った後で,当該行動に対する感謝を表明した(Grant & Gino, 2010)。感謝の受け手は,自分の行動に社会的価値を確認できたためにさらなる向社会的行動を動機づけられた。これに対し,本研究では相手からのポジティブな行動を受け取る前に感謝を表明している。感謝の受け手は,受け取った感

謝に対してお返しをしたくなるような誠実な人物に対してのみ，社会的迷惑行為の抑制を動機づけられた。したがって，本研究は感謝の表明時点によって媒介する心理的プロセスが異なることを新たに示したものと言える。ただし，互恵性の心理と社会的価値を同時に媒介変数として投入するなどして実証してはいないため，この解釈には注意が必要である。また，先行研究と本研究との違いは，感謝の表明時点というよりも，向社会的行動なのか社会的迷惑行為なのかという従属変数の質的な違いと考えることも可能である。そのため，先行研究で検討された感謝の影響過程と本研究の感謝メッセージの影響過程を理論的および実証的に比較検討し，本研究における意義を明確化するべきである。

第3点目は，感謝の影響過程を調整する要因を実証できたという点である。具体的には，周囲の他者の行動として示される記述的規範や，メッセージの送り手である迷惑抑止者の情報が感謝メッセージの影響過程を調整することが示された。感謝の影響の調整要因については先行研究で検討されることはなかった。本研究の結果で初めて，感謝が常に効用を持つわけではなく，ある条件の下で効用を持つことを明らかにしたと言える。この結果には，感謝の形態がメッセージを通してであることや，影響を与える行為が社会的迷惑行為であることなどが関係しているかもしれない。

（2）社会的意義

本書における社会的意義としては，まず，互恵性の心理の喚起を通した社会的迷惑行為の抑止方法の効果を発揮させるため，多様な手段（感謝メッセージの提示や親切行為を通した方法，迷惑抑止者や迷惑行為者，状況の要因の統制）を提案している点が挙げられる。特に，迷惑抑止者にとってコストがかからない感謝メッセージを提示することや，送り手の情報を付加することは，現実的な応用可能性の高さを示唆するものである。

次に，長期的かつ広範囲に効果的であると考えられる社会的迷惑行為の抑止方法を検討したことが本書の社会的意義として挙げられる。制裁や禁止などの方法で社会的迷惑行為の抑止を試みれば，両者が怒りの感情を抱き，関係性が悪化してしまうことがある（産経新聞，2009）。迷惑抑止者と迷惑行為者との間で怒りをぶつけ合うというネガティブな互恵性が成立すれば，ネガティブな

行為はエスカレートする（Keysar, Converse, Wang, & Epley, 2008）。また，制裁システムは，一度廃止されれば効果が維持されない（Mulder et al., 2006）。これらより，制裁には社会的迷惑行為を再発させる危険性が内在されており，長期的に見て効果的であるとは言い難い。反面，本研究で検討した互恵性の心理を利用する方法では，迷惑抑止者があえて好意的な態度で抑止に臨むことで，受け手は反発心や怒りを喚起させることなく好意的に返報する。受け手の態度がポジティブに変化することで，迷惑抑止者の怒りも低減されるだろう。その結果，迷惑抑止者と迷惑行為者との間でポジティブな互恵性が成立し，互恵性の心理を利用した社会的迷惑行為の抑止方法の効果が長期的・予防的に持続すると考えられる。また，感謝や好意の提供の相互作用を通じて，二者間だけでなく，集団全体，地域全体，社会全体で互恵性の心理が醸成される可能性が示唆されていることから（Nowak & Roch, 2006），本書で検討した社会的迷惑行為の抑止方法は広範囲に効果を維持すると考えられる。以上より，互恵性の心理を利用した社会的迷惑行為の抑止方法は，迷惑抑止者と迷惑行為者の感情面と関係性の良好さを配慮した結果，長期的・広範囲に社会秩序を維持する可能性の高い方法となるだろう。

5.3 本書の課題と今後の展望

本節では，本書で得られた成果を受け，課題と今後の展望を述べる。まず，本書の研究全体に関する課題を挙げ，その課題を克服するための今後の研究方法について述べる。次に，感謝メッセージに関する課題を挙げ，今後の展望を考察する。

5.3.1 本書の研究全体に関する課題と今後の展望

本書の研究全体に関する第一の課題は，本書の知見をより生態学的妥当性の高い状況で実証することである。本書で得られた知見は，質問紙実験や実験室実験で得られたものが大半である。フィールド実験で得られた知見もあるものの（研究3のみ），多くの改良すべき点が残された実験であった。研究1，2，4，5は，場面想定法を用いた質問紙実験で実施しているが，この方法では，

社的迷惑行為を実行しようとするかどうかに関する意図の測定にとどまってしまう。社会心理学においては，場面想定法は広く用いられ，一定の行動を予測すると考えられている。しかし，行動意図と実際の行動とは一致しない場合も存在する（e.g., Milgram, 1974）。したがって，今後は，実際の人々の行動を観察するフィールド実験を実施し，本書の知見の妥当性を再検証すべきである。また，実験室実験を行った研究6，7では，参加者に社会的迷惑行為を実行するよう誘導させた上でそれを抑止するという方法を取らざるを得なかった。これは，本調査の対象者が基本的には社会的迷惑行為をしないような人々（大学生や専門学校生）であったためである。それゆえ，参加者にとっては不快であったかもしれないし，不自然さもあったかもしれない。そのため，今後は，より自然な社会的迷惑行為に対して介入するようなフィールド実験などを行うべきであろう。

　第二の課題には，多様な場面への一般化可能性をさらに高める必要があることが挙げられる。本書では，迷惑駐輪，ゴミの不分別，食堂での場所取り，静かにするべき場所で大声で話すなどの多様な場面において，本書で提案した互恵性の心理を利用する社会的迷惑行為の抑止方法の効果を検討し，場面に関係なくおおよそ同様の効果が得られることを示した。そのため，本書で提案した方法は，さまざまな種類の社会的迷惑行為の抑止に適用可能と考えられる。しかしながら，「深夜に暴走する」（吉田他, 1999）などの悪質な社会的迷惑行為を行う人々には，感謝メッセージを提示したり親切行為を行ったりしても，好意として受け取ってもらえなかったり，好意として受け取ってもらっても返報行為が動機づけられなかったりすることが推測される。また，本書の研究では，学生のみを対象に調査を行ったため，それ以外の対象者に本書の研究のアプローチが適用可能かどうか不明確である。そのため，本書の研究のアプローチをより多種多様な場面や対象者に適用できるかどうかを確認するために，社会的迷惑行為の種類と対象者を広げた検討が求められる。

　第三の課題は，本書で検証した互恵性の心理の社会的迷惑行為の抑止効果が，長期的および広範囲に維持されるかどうかの検討である。本書で得られた互恵性の心理の効果は，いずれも一時点の短期的なものにとどまっている。互恵性の心理の喚起を通して人々が自発的に社会的迷惑行為を抑制しているのなら

ば，その後も人々は長期的に当該行為を抑制するはずである。そうした長期的効果が得られるのかどうか，さらには，異なる行為にも波及して効果が得られるのかどうかを検討することが今後の課題である。また，本書で検討した方法による社会的迷惑行為の抑止効果は，本章の社会的意義の節で述べたように，社会全体に広範囲に維持されると考えられる。その背景としては，互恵性の心理が社会全体に連鎖して広がる可能性があること（Nowak & Roch, 2007），一人が社会的迷惑行為を抑制することで，それを見た周囲の他者が追従し，社会全体で社会的迷惑行為が抑止されるというものがある（e.g., Keizer et al., 2008；北折・吉田，2000）。こうした互恵性の心理の広範囲にわたる効果が実際に得られるのかどうか，得られるのであればどのようなプロセスであるのかを実証していく必要があるだろう。

　第四の課題は，迷惑抑止者が，互恵性の心理を喚起させる方法についてどのように考えているかに焦点を当てることである。本書を通して，一定の条件下であれば，互恵性の心理を喚起させる方法によって，社会的迷惑行為が抑止されることが示されたものの，その方法が実際に使用されるかどうかは不明確である。社会的迷惑行為の被害を受けている迷惑抑止者が，自身の怒りや不満を抑えて，感謝メッセージの提示や親切行為を実行したいと考えられるかどうかが問題である。迷惑抑止者の多くは，怒りにまかせて罰を行使したいと考えるかもしれない。そのため，今後は，人々がどのような迷惑抑止方法を好むかを確認した上で，本書で検討した方法の実践を人々に推奨していくことが課題である。この点に関して，第1章の罰に関する研究で紹介したように，人々は，これから罰を行使しようとするとき，報酬に関連する脳の部位が活性化し，脳内で一種の満足感を覚えるが（De Quervain et al., 2004），罰を行使した後は，罰の受け手のことを繰り返し考え，ネガティブな感情が増大してしまうことが示されている（Carlsmith et al., 2008）。このことを踏まえて，短期的な満足感を得るために罰を行使するのではなく，長期的なネガティブ感情の抑制や迷惑行為者との関係性の維持を図ることを目標として持たせ，その目標のために互恵性の心理を通した社会的迷惑行為の抑止方法を利用するべきであることを提案していくことが，今後の課題を達成するための具体的な方法として考えられる。加えて，その提案を行ったことによる効果を検討していくことも今後の課

5.3.2 感謝メッセージに関する課題と今後の展望

　感謝メッセージに関する課題の第1点目は，感謝メッセージに関する研究の条件操作が適切であるか否かを確認しておくべきということである。本書の感謝メッセージに関する研究では，2つの条件操作によって互恵性の心理が喚起されるということが確認されたのみで，厳密な操作の確認は行われなかった。そのため，条件操作の中には不必要な情報が含まれていた可能性も考えられる。その情報が互恵性の心理や社会的迷惑行為の抑制意図に影響を与えていたかもしれない。たとえば，管理者が常に駐輪場を整頓しているという送り手の情報は，記述的規範に関する情報も含むかもしれない。送り手の管理行動によって，その駐輪場では整列駐輪が厳しく求められており，それに従って周囲の人々も整列駐輪を遵守しているという状況も想像されうるからである。このような操作上の問題を解決するため，今後の研究では，感謝メッセージに関する研究においても，適切な操作チェックを行わなければならない。

　第2点目の課題は，本書で検討されなかった他のメッセージと感謝メッセージとの効果を比較検討することである。特に，罰を含むメッセージや，新規なメッセージとの比較が必要と考えられる。第1章では，罰や制裁と比較して，報酬を先に与える感謝メッセージの有効性について議論した。それにもかかわらず，本書を通して，感謝メッセージの効果を罰メッセージと直接的に比較しなかった。その理由は，比較的ニュートラルな印象の「ゴミを分別しましょう」などのメッセージと比較して，感謝メッセージの「感謝」の効果のみを検討するためであった。罰に含まれると考えられるネガティブな印象などの他の要因と交絡した効果の検討にならないように配慮したためである。しかしながら，感謝メッセージも場合によってはネガティブな印象を与えうることを考慮すると，罰メッセージと直接的に効果を比較することは重要であると考えられる。また，感謝メッセージが比較的新規な種類のメッセージであるという理由で効果を発揮している可能性もある。そのため，今後は，そのほかの新規なメッセージ（たとえば，新規なユーモアあふれるメッセージなど）との比較や，感謝メッセージを繰り返し提示しても効果が低減しないかどうかを実験していくことが

求められる。

　第3点目の課題は，感謝メッセージに対して抱くネガティブな印象に関するものである。本書の実証研究では一貫して，感謝メッセージは他のメッセージよりも受け手にポジティブな印象を与えるという結果が得られている。研究5では，感謝メッセージが社会的迷惑行為を抑止する過程には，心理的リアクタンスのようなネガティブな印象に関する影響過程は含まれておらず，互恵性の心理が媒介していることが示された。それにもかかわらず，感謝メッセージに対して「いやみっぽい」などの印象を抱く人々がいる。たとえば，梶原（2012）は，感謝メッセージについて，まだ実行していない近い将来の行為を実行することにして感謝している点，そして，その感謝を通して命令しようとする巧妙な意図が読み取れる点に違和感を覚えると述べている。人々が感謝メッセージにネガティブな印象を抱いてしまうという問題に関して，本書では，複数の実証研究を通して一つの回答を導出してきた。それは，感謝メッセージは常に好意的に受け取られるわけではないというものである。周囲の人々がルールに従っていなかったり（研究1，2，3），送り手の誠実さが伝わってこなかったりしたために（研究4，5），不快に受け取られる場合もある。人々は，このように感謝メッセージを不快に受け取ったときのことを思い出して，感謝メッセージを常に不快なものだと考えてしまうのかもしれない。今後は，面接調査などを通して，人々が感謝メッセージに対して不快に感じるときを幅広く調査することが課題である。

　以上より，感謝メッセージや親切行為を通した互恵性の心理の喚起による社会的迷惑行為の抑止方法には，さまざまな学術的・社会的意義があることだけでなく，今後の課題も多く残されていることがわかった。このことをふまえ，最後に結語を述べたい。互恵性の心理を通した社会的迷惑行為の抑止方法は，条件を整えた上で利用する必要がある効果の限定的なもので，今後もさらなる研究が求められるものであるが，罰や報酬では得られない効果，すなわち，迷惑行為者が自発的に社会的迷惑行為を抑制することで，長期的に社会秩序を維持する効果が得られるものと考えられる。社会的迷惑行為を抑止し，社会秩序を維持するために，本書の知見が活用され，互恵性の心理を通した方法がより多く利用されて発展することを願っている。

引用文献

Asch, S. E. (1951). Effects of group pressure upon the modification and distortion of judgment. In H. Guetzkow (Ed.), *Groups, leadership and men* (pp.222-236). Pittsburgh, PA: Carnegie Press.

Axelrod, R. (1984). *The evolution of cooperation*. New York: Basic Books. (松田裕之 (訳) (1998). つきあい方の科学 ―バクテリアから国際関係まで― ミネルヴァ書房)

Balliet, D., Mulder, L. B., & Van Lange, P. A. M. (2011). Reward, punishment, and cooperation: A meta-analysis. *Psychological Bulletin*, **137**, 594-615.

Bartlett, M. Y., & DeSteno, D. (2006). Gratitude and prosocial behavior: Helping when it costs you. *Psychological Science*, **17**, 319-325.

Baumeister, R. F., & Leary, M. R. (1995). The need to belong: Desire for interpersonal attachments as a fundamental human motivation. *Psychological Bulletin*, **117**, 497-529.

Bennett, L., Ross, M. W., & Sunderland, R. (1996). The relationship between recognition, rewards, and burnout in AIDS caregiving. *AIDS Care*, **8**, 145-153.

Brehm, J. W. (1966). *A theory of psychological reactance*. New York: Academic Press.

Carlsmith, K. M., Wilson, T. D., & Gilbert, D. T. (2008). The paradoxical consequences of revenge. *Journal of Personality and Social Psychology*, **95**, 1316-1324.

Chartrand, T. L., & Bargh, J. A. 1999 The chameleon effect: The perception-behavior link and social interaction. *Journal of Personality and Social Psychology*, **76**, 893-910.

Cialdini, R. B. (2001). *Influence: Science and practice*. 4th ed. Boston, MA: Allyn & Bacon.
(チャルディーニ, R. B. 社会行動研究会 (訳) (2007). 影響力の武器―なぜ, 人は動かされるのか― 第2版 誠信書房)

Cialdini, R. B., Kallgren, C. A., & Reno, R. R. (1991). A focus theory of normative conduct: A theoretical refinement and reevaluation of the role of norms in human behavior. In M. P. Zanna (Ed.), *Advances in experimental social psychology*, Vol. 24 (pp.201-234). San Diego, CA: Academic Press.

Crowne, D. P., & Marlow, D. (1960). A new scale of social desirability independent of psychopathology. *Journal of Consulting Psychology*, **54**, 853-863.

Darley, J. M., & Latané, B. (1968). Bystander intervention in emergencies: Diffusion of responsibility. *Journal of Personality and Social Psychology*, **8**, 377-383.

出口拓彦・吉田俊和 (2005). 大学の授業における私語の頻度と規範意識・個人特性との関連―大学生活への適応という観点からの検討 社会心理学研究, **21**, 160-169.

De Quervain, D. J., Fischbacher, U., Treyer, V., Schellhammer, M., Schnyder, U., Buck, A., & Fehr, E. (2004). The neural basis of altruistic punishment. *Science*, **305**, 1254-1258.

Edwards, A. L. (1957). *The social desirability variable in personality assessment and research*. New York: The Dryden Press.

Eek, D., Loukopoulos, P., Fuji, S., & Gärling, T. (2002). Spill-over effects of intermittent costs for defection in social dilemmas. *European Journal of Social Psychology*, **32**, 801-813.

El-Alayli, A., & Messé, L. A. (2004). Reactions toward an unexpected or counternormative favor-giver: Does it matter if we think we can reciprocate? *Journal of Experimental Social Psychology*, **40**, 633-641.

Fehr, E., & Gächter, S. (2002). Altruistic punishment in humans. *Nature*, **415**, 137-140.

Festinger, L. (1957). *A theory of cognitive dissonance*. Evanston, IL：Row, Peterson and Company.
（フェスティンガー，L. 末永俊郎（監訳）(1965). 認知的不協和の理論―社会心理学序説― 誠信書房）

Garner, R. (2005). Post-It® Note persuasion: A sticky influence. *Journal of Consumer Psychology*, **15**, 230-237.

Gintis, H. (2000). Strong reciprocity and human sociality. *Journal of Theoretical Biology*, **206**, 169-179.

Goei, R., Roberto, A., Meyer, G., & Carlyle, K. (2007). The effects of favor and apology on compliance. *Communication Research*, **34**, 575-595.

Goldstein, N. J., Griskevicius, V., & Cialdini, R. B. (2007). Invoking social norms: A social psychology perspective on improving hotels' linen-reuse programs. *Cornell Hotel and Restaurant Administration Quarterly*, **48**, 145-150.

Gotib, I. H., & Meyer, J. P. (1986). Factor analysis of the Multiple Affect Adjective Check List: A separation of positive and negative affect. *Journal of Personality and Social Psychology*, **50**, 1161-1165.

Gouldner, A. W. (1960). The norm of reciprocity: A preliminary statement. *American Sociological Review*, **25**, 161-178.

Grant, A. M., & Gino, F. (2010). A little thanks goes a long way: Explaining why gratitude expressions motivate prosocial behavior. *Journal of Personality and Social Psychology*, **98**, 946-955.

原田知佳・吉澤寛之・吉田俊和（2009）. 自己制御が社会的迷惑行為および逸脱行為に及ぼす影響―気質レベルと能力レベルからの検討― 実験社会心理学研究, **48**, 122-136.

肥田野直・柳井晴夫・塗師 斌・繁枡算男・高根芳雄（1971）. 検査の尺度構成に関する方法論的研究 教育心理学研究, **19**, 37-51.

堀尾志保・高橋 潔（2004）. 作為回答場面での5大因子性格検査に関する社会的望ましさ尺度の役割 産業・組織心理学研究, **17**, 65-77.

鎌原雅彦・樋口一辰・清水直治（1982）. Locus of Control 尺度の作成と，信頼性，妥当

性の検討　教育心理学研究, **30**, 302-307.
Keizer, K., Lindenberg, S., & Steg, L. (2008). The spreading of disorder. *Science*, **322**, 1681-1685.
Keysar, B., Converse, B. A., Wang, J., & Epley, N. (2008). Reciprocity is not give and take: Asymmetric reciprocity to positive and negative acts. *Psychological Science*, 19, 1280-1286.
北折充隆・吉田俊和（2000a）．違反抑止メッセージが社会規範からの逸脱行動に及ぼす影響—大学構内の駐輪違反に関するフィールド実験—　実験社会心理学研究, **40**, 28-37.
北折充隆・吉田俊和（2000b）．記述的規範が歩行者の信号無視におよぼす影響　社会心理学研究, **19**, 234-240.
北折充隆・吉田俊和（2004）．歩行者の信号無視に関する観察的検討：急ぎ要因と慣れ要因の影響について　社会心理学研究, **19**, 234-240.
Kreuz, R. J., & Glucksberg, S. (1989). How to be sarcastic: The echoic reminder theory of verbal irony. *Journal of Experimental Psychology: General*, **118**, 374-386.
Lammers, J., Stapel, D. A., & Galinsky, A. D. (2010). Power increases hypocrisy: Moralizing in reasoning, immorality in behavior. *Psychological Science*, **21**, 737-744.
Maslow, A. H. (1968). *Toward a psychology of being*. New York: Van Nostrand.
McCullough, M. E., Emmons, R. A., & Tsang, J. (2002). The grateful disposition: A conceptual and empirical topography. *Journal of Personality and Social Psychology*, **82**, 112-127.
McCullough, M. E., Kilpatrick, S. D., Emmons, R. A., & Larson, D. B. (2001). Is gratitude a moral affect? *Psychological Bulletin*, **127**, 249-266.
McCullough, M. E., Kimeldorf, M. B., & Cohen, A. D. (2008). An adaptation for altruism? The social causes, social effects, and social evolution of gratitude. *Current Directions in Psychological Science*, **17**, 281-285.
Mikula, G., Petri, B., & Tanzer, N. (1990). What people regard as unjust: Types and structures of everyday experiences of injustice. *European Journal of Social Psychology*, **20**, 133-149.
Mikula, G., Scherer, K. R., & Athenstaedt, U. (1998). The role of injustice in the elicitation of differential emotional reactions. *Personality and Social Psychology Bulletin*, **24**, 769-785.
Milgram, S. (1974). *Obedience to authority*. New York: Harper & Row.
Miller, T. Q., Smith, T. W., Turner, C. W., Guijarro, M. L., & Hallet, A. J. (1996). A meta-analytic review of research on hostility and physical health. *Psychological Bulletin*, **119**, 322-348.
Mischel, W., Shoda, Y., & Peake, P. K. (1988). The nature of adolescent competencies predicted by preschool delay of gratification. *Journal of Personality and Social Psychology*, **54**, 687-696.
Montoya, R. M., & Insko, C. A. (2008). Toward a more complete understanding of the reciprocity of liking effect. *European Journal of Social Psychology*, **38**, 477-498.

森　久美子・石田靖彦（2001）．迷惑の生成と受容に関する基礎的研究―普及期の携帯電話マナーに関する言説的分析― 愛知淑徳大学論集（コミュニケーション学部篇），創刊号，77-92．

Mulder, L. B. (2008). The difference between punishments and rewards in fostering moral concerns in social decision making. *Journal of Experimental Social Psychology*, **44**, 1436-1443.

Mulder, L. B., Van Dijk, E., De Cremer, D., & Wilke, H. A. M. (2006a). Undermining trust and cooperation: The paradox of sanctioning systems in social dilemmas. *Journal of Experimental Social Psychology*, **42**, 147-162.

Mulder, L. B., Van Dijk, E., De Cremer, D., & Wilke, H. A. M. (2006b). When sanctions fail to increase cooperation in social dilemmas: Considering the presence of an alternative option to defect. *Personality and Social Psychology Bulletin*, **32**, 1312-1324.

Mulder, L. B., Verboon, P., & De Cremer, D. (2009). Sanctions and moral judgments: The moderating effect of sanction severity and trust in authorities. *European Journal of Social Psychology*, **39**, 255-269.

Muraven, M., & Baumeister, R. F. (2000). Self-regulation and depletion of limited resources: Does self-control resemble a muscle? *Psychological Bulletin*, **126**, 247-259.

Muraven, M., Baumeister, R. F., & Tice, D. M. (1999). Longitudinal improvement of self-regulation through practice: Building self-control strength through repeated exercise. *Journal of Social Psychology*, **139**, 446-457.

Muraven, M., Tice, D. M., & Baumeister, R. F. (1998). Self-control as limited resource: Regulatory depletion patterns. *Journal of Personality and Social Psychology*, **74**, 774-789.

Murayama, K., Matsumoto, M., Izuma, K., & Matsumoto, K. (2010). Neural basis of the undermining effect of extrinsic reward on intrinsic motivation. *Proceedings of the National Academy of Sciences of the United States of America*, **107**, 20911-20916.

名古屋市環境局事業部作業課（2005）．安心・安全・快適条例「路上禁煙地区」及び「喫煙者の責務」＜http://www.city.nagoya.jp/kurashi/anzen/jyourei/kinenchiku/nagoya00019893.html＞（2009年12月25日）

中野有朋（2010）．騒音・振動環境入門　オーム社

Nowak, M. A., & Roch, S. (2007). Upstream reciprocity and the evolution of gratitude. *Proceedings of the Royal Society of London, Series B: Biological Sciences*, **274**, 605-610.

Pavey, L., Greitemeyer, T., & Sparks, P. (2011). Highlighting relatedness promotes prosocial motives and behavior. *Personality and Social Psychology Bulletin*, **37**, 905-917.

Preacher, K. J., & Hayes, A. F. (2008). Asymptotic and resampling strategies for assessing and comparing indirect effects in multiple mediator models. *Behavior Research Methods*, **40**, 879-891.

Raggio, R. D., & Folse, J. A. G. (2009). Gratitude works: Its impact and the mediating role of affective commitment in driving positive outcomes. *Journal of the Academy of Marketing Science, 37*, 455-469.

Regan, D. T. (1971). Effects of a favor and liking on compliance. *Journal of Experimental Social Psychology, 7*, 627-639.

Rind, B., & Bordia, P. (1995). Effects of server's "thank you" and personalization on restaurant tipping. *Journal of Applied Social Psychology, 25*, 745-751.

Rind, B., & Strohmetz, D. (1999). Effect on restaurant tipping of a helpful message written on the back of customers' checks. *Journal of Applied Social Psychology, 29*, 139-144.

Rosenberg, M. (1965). *Society and the adolescent self-image*. Princeton, NJ: Princeton University Press.

Rotter, J. B. (1966). Generalized expectancies for internal versus external control of reinforcement. *Psychological Monograph, 80*, 1-28.

Russell, J. A. (1979). Affective space is bipolar. *Journal of Personality and Social Psychology, 37*, 345-356.

Ryan, R. M., & Deci, E. L. (2000). Self-determination theory and the facilitation of intrinsic motivaton, social development, and well-being. *American Psychologist, 55*, 68-78.

産経新聞（2009）．満員電車でのゲーム注意され殴る　現行犯で男逮捕　2009年3月22日　＜http://sankei.jp.msn.com/region/kanto/saitama/090325/stm0903252203019-n1.htm＞（2009年12月28日）

Shen, H., Wan, F., & Wyer, R. S. (2011). Cross-cultural differences in the refusal to accept a small gift: The differential influence of reciprocity norms on Asians and North Americans. *Journal of Personality and Social Psychology, 100*, 271-281.

Shoda, Y., Mischel, W., & Peake, P. K. (1990). Predicting adolescent cognitive and social competence from preschool delay of gratification: Identifying diagnostic conditions. *Developmental Psychology, 26*, 978-986.

Skinner, B. F. (1953). *Science of human behavor*. New York, NY: Macmillan.

髙木　彩・村田光二（2005）．注目する規範の相違による社会的迷惑　社会心理学研究, 20, 216-233.

Tenbrunsel, A. T., & Messick, D. M. (1999). Sanctioning systems, decision frames, and cooperation. *Administrative Science Quarterly, 44*, 684-707.

寺崎正治・岸本陽一・古賀愛人（1992）．多面的感情尺度の作成　心理学研究, 62, 350-356.

Twenge, J. M., & Baumeister, R. F. (2005). Social exclusion increases aggression and self-defeating behavior while reducing intelligent thought and prosocial behavior. In D. Abrams, M. A. Hogg, & J. Marques (Eds.), *The social psychology of inclusion and exclusion* (pp. 27-46). New York: Psychology Press.

Ule, A., Schram, A., Riedl, A., & Cason, T. N. (2009). Indirect punishment and

generosity toward strangers. *Science*, **326**, 1701-1704.
vanDellen, M. R., Campbell, W. K., Hoyle, R. H., & Bradfield, E. K. (2011). Compensating, resisting, and breaking: A meta-analytical examination of reactions to self-esteem threat. *Personality and Social Psychology Review*, **15**, 51-74.
Van Kleef, G. A., Homan, A. C., Finkenauer, C., Gündemir, S., & Stamkou, E. (2011). Breaking the rules to rise to power: How norm violators gain power in the eyes of others. *Social Psychological and Personality Science*, **2**, 500-507.
Watson, D., Clark, L. A., & Tellegen, A. (1988). Development and validation of brief measures of positive and negative affect: The PANAS Scales. *Journal of Personality and Social Psychology*, **54**, 1063-1070.
Whatley, M. A., Webster, J. M., Smith, R. H., & Rhodes, A. (1999). The effect of a favor on public and private compliance: How internalized is the norm of reciprocity? *Basic and Applied Social Psychology*, **21**, 251-259.
Wilson, J. Q., & Kelling, G. L. (1982). Broken windows: The police and neighborhood safety. *Atlantic Monthly*, **249**, 29-38.
山岸俊男 (1998). 信頼の構造―こころと社会の進化ゲーム― 東京大学出版会
山本真理子・松井 豊・山成由紀子 (1982). 認知された自己の諸側面の構造 教育心理学研究, **30**, 64-68.
吉田俊和・安藤直樹・元吉忠寛・藤田達雄・廣岡秀一・斎藤和志・森 久美子・石田靖彦・北折充隆 (1999). 社会的迷惑に関する研究 (1) 名古屋大学教育学部紀要（心理学）, **46**, 53-73.
吉田俊和・斎藤和志・北折充隆 (2009). 社会的迷惑の心理学 ナカニシヤ出版
油尾聡子・吉田俊和 (2009). 迷惑抑止メッセージと記述的規範が社会的迷惑行為と感情に及ぼす効果 応用心理学研究, **34**, 155-165.

あとがき

　本書は，独立行政法人日本学術振興会平成29年度科学研究費補助金（研究成果公開促進費）（課題番号17HP5193）の助成を受け，筆者が平成25年3月に名古屋大学大学院教育発達科学研究科に提出した博士論文「互恵性の規範に基づく社会的迷惑行為の抑止効果」に基づいて執筆された学術図書である。本書は，以下の学術論文および学会発表に基づいて構成されている。

1. 油尾聡子（2009）．迷惑抑止メッセージと記述的規範の一致・不一致が社会的迷惑行為と生起する感情に及ぼす影響　東海心理学研究, **4**, 47-51.：<u>第2章　研究1</u>
2. 油尾聡子・吉田俊和（2009）．迷惑抑止メッセージと記述的規範が社会的迷惑行為と感情に及ぼす効果　応用心理学研究, **34**, 155-165.：<u>第2章　研究2</u>
3. 油尾聡子・吉田俊和（2009）．感謝メッセージと記述的規範が社会的迷惑行為の抑止に与える効果―メッセージの互恵性効果に着目して―　日本社会心理学会第50回大会・日本グループ・ダイナミックス学会第56回大会合同大会発表論文集, 1068-1069.：<u>第2章　研究3</u>
4. 油尾聡子・吉田俊和（2012）．送り手との互恵性の規範の形成による社会的迷惑行為の抑制効果　―情報源の明確な感謝メッセージに着目して―　社会心理学研究, **28**, 32-40.：<u>第3章　研究4</u>
5. 油尾聡子・吉田俊和（2012）．感謝メッセージが社会的迷惑行為を抑止する影響過程の解明―メッセージに対するネガティブな評価，記述的規範の影響を考慮して―　東海心理学会第61回大会発表論文集, 27.：<u>第3章　研究5</u>
6. 油尾聡子・吉田俊和（2013）．社会的迷惑行為の抑止策としての好意の提供　実験社会心理学研究, **53**, 1-11.：<u>第4章　研究6</u>
7. 油尾聡子・吉田俊和（2011）．社会的迷惑行為の抑止策としての好意の提供　日本グループ・ダイナミックス学会第58回大会発表論文集, 42-43.：<u>第4章　研究7</u>

本書の一連の研究は，筆者が学部1年生のときに受けた吉田俊和先生の講義で，社会的迷惑行為が紹介されたことがきっかけとなって行われた。当時はおもしろい現象だと思っただけであったが，3年次の「第五実験」と呼ばれる卒業論文の前段階の授業で，頭の片隅にあったこの現象について研究しようと思ってから，今までずっと研究することになった。博士論文としてまとめるまでで7年間，その後も関連する研究を続けているので，約10年，社会的迷惑行為とその抑止方法について向き合っていることになる。

　この研究を約10年もの間続けている背景には，筆者が社会的迷惑行為を行う人々に注意をするのが苦手だということがあると思っている。たとえば，電車の中で音漏れするほど大音量で音楽を聴いている人がいる場合，他の人はあまり気にしていないはずで自分が神経質すぎるだけだ，逆ギレされるかもしれない，などとあれこれ考えてしまって，結局，注意できずに我慢してしまう。たった一言，「音が漏れていますよ」と言えば済むかもしれないのに，どうしてもできない。社会的迷惑行為を注意するのが苦手で，その行為を目の当たりにしたときに，どのように注意すれば抑止する側もされる側も不快な気持ちにならないかを考えていたために，本書の研究の着想に至ったのだろう。

　筆者のように人に厳しく注意をするのが苦手な人にこそ，本書で扱った互恵性の心理を通して社会的迷惑行為を抑止する方法の活用をおすすめしたい。本書で紹介したように，この方法では，あらかじめ親切にしておいて遠回しにその行為を注意しておくことで，その親切な行いに対してお返ししたいと思わせる。このことにより，抑止する側とされる側の関係性を良好に保ったまま社会的迷惑行為を抑止できると考えている。この方法が効果的になるには一定の条件が必要ではあるものの，その点を理解した上で活用され，人々が少しでも楽な気持ちで社会的迷惑行為を抑止でき，心地よく過ごせる社会になれば幸いである。

　本書の完成に至るまで，多くの方々にお世話になった。吉田俊和先生（岐阜聖徳学園大学）には，名古屋大学教育学部の3年次に第五実験で指導していただいてから約7年間，叱咤激励を受けつつ研究指導および人生指導を賜った。吉田先生が名古屋大学に在任中で最後の博士号取得者が，奇しくも私のような不出来な者になってしまい申し訳なく思っているが，存分に指導していただけ

たことに深く感謝している。

　吉田俊和研究室と高井次郎研究室との合同で行われていた社会心理学系院生の指導会である"Dゼミ"では，本書における個々の研究の計画，分析，結果の考察に対する助言，本書そのものへの理論的・実践的批判など，数々の有益なコメントを頂戴した。研究の実施時にも，多くの先生・先輩・後輩に協力いただいた。また，ゼミ後には研究のことを少しだけ忘れて居酒屋「飛騨」で語り合い，お昼にはほぼ毎日食事を共にし，コーヒーとお菓子でくつろぐ。そんな社会的つながりを日々感じられる研究室の雰囲気も非常にありがたかった。あまりにも多くの方々にお世話になったので，全員の氏名を挙げることは控えておくが，Dゼミの皆様には心より御礼申し上げたい。

　Dゼミ外でも多くの方々にお世話になった。名古屋大学大学院教育発達科学研究科の先生方・院生の皆様には，授業や大学院試験など，多くの場で知的刺激を与えられ，研究の実施時にも多くの方々にご協力いただいた。学会や研究会で研究のヒントを与えてくださった研究者の皆様にも感謝している。調査にご協力いただいた学生の皆様にも記して感謝する。

　本書の出版にあたっては，様々な方から刺激を受け，「よし，出版しよう」と重い腰を上げた次第である。出版をおすすめしてくださった方々にも感謝申し上げたい。そして，一度は上がった重い腰がもう一度下りそうになったとき，本書の執筆をぎりぎりまでお待ちいただいたナカニシヤ出版の山本あかね氏には，心からの感謝を表したい。

　最後に，心のどこかで支えになってくれていた家族に心からの感謝を送りたい。私に自由な人生を与えつつも陰ながら心配して見守ってくれ，研究の一部分をひそかに手伝ってくれた両親，いつも故郷で大歓迎してくれる弟，かつては同じ研究者の道を歩もうと励まし合った兄に感謝の意を記す。そして，本書を刊行するきっかけを与えてくれ，常に私を支えてくれた夫 隆成と，私の腕の中と，ときどき託児所で，本書の刊行作業を辛抱強く待っていてくれた，間もなく1歳になる息子 幸成に感謝して，本書を終えたいと思う。

2018年2月

友野　聡子

事項索引

あ
一般的信頼　23, 58
因子分析　32, 42

か
χ^2検定　34
外発的動機づけ　12
感謝（gratitude）　99
　——メッセージ　17
間接的懲罰　3
冠動脈性疾患（CHD）　6
記述的規範（descriptive norm）　20
規範的行為の焦点化理論　20
好意　15
向社会的行動　15
構造方程式モデリングによる分析　67
行動促進メッセージ　21
互恵性の規範（the norm of reciprocity）　14
互恵性の心理　14

さ
残差分析　34
自己制御　7
　——の力量モデル（筋肉モデル）　7
自己呈示欲求　74
自尊心　23, 58
実験室実験　73
質問紙実験　29, 57
社会規範　20
社会的自己制御　7
社会的ジレンマ状況　12

社会的トリレンマ　12
社会的望ましさ（social desirability）　37
社会的排斥　3
社会的迷惑行為　4
所属欲求理論　3
心理的リアクタンス　64
制御資源　7
生態学的妥当性　102

た
対数線形モデルによる分析　34
多面的感情尺度　31, 38
t検定　81

な
内発の動機づけ　12

は
媒介分析　62
罰（punishment）　11
場面想定法　29, 57
反応の構え（response net）　37
フィールド実験　8, 12, 47
favor　15
不協和状態　21
文化的自己観　24
分散分析　33, 43, 50, 67, 81, 89
報酬　13
ポジティブ・ネガティブ感情　38
　——尺度　31

ま

命令的規範（injunctive norm） 20
　──への焦点化 19, 20, 87
迷惑抑止者の情報 22
メタ分析 13

や

欲求段階説 3

ら

Locus of Control 23, 58

わ

割れ窓理論 8

人名索引

A

安藤直樹　4
Athenstaedt, U.　6
Asch, S. E.　51
Axelrod, R.　98

B

Balliet, D.　13
Bargh, J. A.　51
Bartlett, M. Y.　100
Baumeister, R. F.　3, 7, 8
Bennett, L.　100
Bordia, P.　16, 17, 100
Bradfield, E. K.　23
Brehm, J. W.　64
Buck, A.　11

C

Campbell, W. K.　23
Carlsmith, K. M.　11, 13, 104
Carlyle, K.　32
Cason, T. N.　3
Chartrand, T. L.　51
Cialdini, R. B.　15, 20, 51, 74, 76, 82, 98, 99
Clark, L. A.　37
Cohen, A. D.　100
Converse, B. A.　102
Crowne, D. P.　39

D

Darley, J. M.　51
De Cremer, D.　11, 12

De Quervain, D. J.　11, 13, 104
Deci, E. L.　14
出口拓彦　3
DeSteno, D.　100

E

Eek, D.　11, 98
El-Alayli, A.　68
Emmons, R. A.　100
Epley, N.　102

F

Fehr, E.　11, 98
Festinger, L.　21, 29, 83
Finkenauer, C.　6
Fischbacher, U.　11
Folse, J. A. G.　100
Fuji, S.　11
藤田達雄　4

G

Gächter, S.　98
Galinsky, A. D.　6
Gärling, T.　11
Garner, R.　16, 17, 73, 83, 99
Gilbert, D. T.　11
Gino, F.　100
Gintis, H.　98
Glucksberg, S.　64
Goei, R.　32, 66, 73, 84
Goldstein, N. J.　87
Gotib, I. H.　37
Gouldner, A. W.　15, 17, 82, 95, 98

Grant, A. M.　100
Greitemeyer, T.　64
Guijarro, M. L.　6
Gündemir, S.　6

H

Hallet, A. J.　6
原田知佳　7
Hayes, A. F.　62
肥田野直　37
樋口一辰　61
廣岡秀一　4
Homan, A. C.　6
堀尾志保　39
Hoyle, R. H.　23

I

Insko, C. A.　23
石田靖彦　4, 5
Izuma, K.　14

K

Kallgren, C. A.　20
鎌原雅彦　61
Keysar, B.　102
Keizer, K.　8, 104
Kelling, G. L.　8
Kilpatrick, S. D.　100
Kimeldorf, M. B.　100
岸本陽一　31
北折充隆　3, 4, 9, 11, 21, 37, 104
古賀愛人　31
Kreuz, R. J.　64

L

Lammers, J.　6
Lantané, B.　51
Larson, D. B.　100
Leary, M. R.　3

Lindenberg, S.　8
Loukopoulos, P.　11

M

Marlow, D.　39
Maslow, A. H.　3
松井 豊　60
Matsumoto, K.　14
Matsumoto, M.　14
McCullough, M. E.　100
Messé, L. A.　68
Messick, T. D.　12
Meyer, G.　32
Meyer, J. P.　37
Mikula, G.　6
Milgram, S.　103
Miller, T. Q.　6
Miscel, W.　8
Montoya, R. M.　23
森 久美子　4, 5
元吉忠寛　4
Mulder, L. B.　11-13, 69, 98, 102
村田光二　10, 46, 75
Muraven, M.　7, 8
Murayama, K.　14

N

中野有朋　79
Nowak, M. A.　64, 98, 102, 104
塗師 斌　37

P

Pavey, L.　64
Peake, P. K.　8
Petri, B.　6
Preacher, K. J.　62

R

Raggio, R. D.　100

Regan, D. T.   15-19, 73, 76, 82-84, 87,
    91, 98, 99
Reno, R. R.   20
Rhodes, A.   15
Riedl, A.   3
Rind, B.   16-18, 100
Roberto, A.   32
Roch, S.   64, 98, 102, 104
Rosenberg, M.   60
Ross, M. W.   100
Rotter, J. B.   24, 58
Russell, J. A.   37
Ryan, R. M.   14

S
斎藤和志   3，4
Schellhammer, M.   11
Scherer, K.   6
Schnyder, U.   11
Schram, A.   3
Shen, H.   16, 18, 24, 83, 85
Shoda, Y.   8
繁枡算男   37
清水直治   61
Skinner, B. F.   13
Smith, R. H.   15
Smith, T. W.   6
Sparks, P.   64
Stamkou, E.   6
Stapel, D. A.   6
Steg, L.   8
Strohmetz, D.   18
Sunderland, R.   100

T
高木　彩   10, 46, 75
高橋　潔   39
高根芳雄   37
Tanzer, N.   6

Tellegan, A.   37
Tenbrunsel, A. T.   12
寺崎正治   31, 38
Tice, D. M.   7
Treyer, V.   11
Tsang, J.   100
Turner, C. W.   6
Twenge, J. M.   3

U
Ule, A.   3

V
Van Dijk, E.   12
Van Kleef, G. A.   6
Van Lange, P. A. M.   13
vanDellen, M. R.   23, 58
Verboon, P.   11

W
Wan, F.   16
Wang, J.   102
Watoson, D.   37
Webster, J. M.   15
Whatley, M. A.   15
Wilke, H. A. M.   12
Wilson, T. D.   11
Wilson, J. Q.   8
Wyer, R. S.   16

Y
山岸俊男   24, 58, 60
山本真理子   60
山成由紀子   60
柳井晴夫   37
吉田俊和   3，4，7，9，11，17，21，37，
    103, 104, 114, 115
吉澤寛之   7
油尾聡子   17

【著者紹介】
友野聡子（ともの さとこ）
宮城学院女子大学発達科学研究所 客員研究員
名古屋大学大学院教育発達科学研究科（2013年）・博士（心理学）
[主要論文]
油尾聡子・吉田俊和（2012）．送り手との互恵性規範の形成による社会的迷惑行為の抑制効果：情報源の明確な感謝メッセージに着目して　社会心理学研究, 28, 32-40.
油尾聡子・吉田俊和（2013）．社会的迷惑行為の抑止策としての好意の提供　実験社会心理学研究, 53, 1-11.

互恵性の心理を通して抑止する社会的迷惑行為
───────────────────────────
2018年2月20日　初版第1刷発行　（定価はカヴァーに表示してあります）

　　　　　　　　著　者　友野聡子
　　　　　　　　発行者　中西　良
　　　　　　　　発行所　株式会社ナカニシヤ出版
　　　　〒606-8161　京都市左京区一乗寺木ノ本町15番地
　　　　　　　　　　　Telephone　075-723-0111
　　　　　　　　　　　Facsimile 　075-723-0095
　　　　　　　　Website　http://www.nakanishiya.co.jp/
　　　　　　　　Email　iihon-ippai@nakanishiya.co.jp
　　　　　　　　　　　郵便振替　01030-0-13128

装幀＝白沢　正／印刷・製本＝西濃印刷株式会社
Printed in Japan.
Copyright © 2018 by S. Tomono
ISBN978-4-7795-1249-0

本書のコピー，スキャン，デジタル化等の無断複製は著作権法上での例外を除き禁じられています。本書を代行業者等の第三者に依頼してスキャンやデジタル化することはたとえ個人や家庭内の利用であっても著作権法上認められておりません。